BTS 마케팅

초연결시대 플랫폼 마케팅을 위한 완전한 해답

BTS 마케팅

박형준 지음

21세기북스

방탄소년단은
어떻게 성공했을까?

'국가대표 아이돌.' 한국의 7인조 보이그룹 방탄소년단을 지칭하는 말이다. 방탄소년단은 어떤 수식어로 설명해도 모자랄 것 같은 눈부신 성적들을 이루어가고 있다. 2018년 방탄소년단의 앨범은 빌보드 200에서 1위에 올랐으며 한국인 최초로 트위터 팔로워 1,000만 명을 돌파했고, 구글 트렌드 검색에서 1위에 오르는 등 폭발적인 화제성을 보이고 있다. 방탄소년단의 이러한 인기는 단기적이고 국지적 인기가 아니다. 방탄소년단은 2018년 8월 새 앨범과 함께 월드 투어 '러브 유어셀프LOVE YOURSELF'콘서트를 진행하고 있다. 서울을 시작으로 2019년 2월까지 미국, 유럽, 아시아까지 진행되는데, 이처럼 방탄소년단은 장기적이고 글로벌한 행보를 보이고 있다.

방탄소년단의 경제적 간접 효과는 1조 원이 넘는 것으로 분석되며, 관련 기업의 시가총액은 수천억 원씩 상승했다. 방탄소년단 관련 기업의 주가 상승과 함께 국내 엔터테인먼트 기업들의 주가까지 동시에 상승하고 있으며 여러 금융 기업에서는 방탄소년단의 빅히트엔터테인먼트의 기업 가치가 최대 2조 원대라는 평가를 내놓았다. 방탄소년단의 글로벌 인기를 토대로 엔터테인먼트 산업계에는 지각변동이 일어나고 있다.

방탄소년단을 제대로 평가하려면 눈에 보이는 빌보드 차트 순위나 '2조 원'이라는 경제적 가치보다 그들을 이 자리까지 도달하게 한 과정에 주목할 필요가 있다. 방탄소년단의 성공 뒷면에는 오늘날 사회 문화의 흐름, 경영 환경의 변화, 그리고 현대 기업의 성공 공식이 숨어 있기 때문이다. 방탄소년단은 작은 기획사 소속이지만 쟁쟁한 거대 엔터테인먼트의 경쟁자들을 제치고 세계적 그룹으로 성장했다. 현대의 초연결사회hyper-connected society에서 사업을 시작하고 나아가 글로벌 시장을 꿈꾸는 경영자들은 이러한 방탄소년단의 성공 비결과 비즈니스적 원리를 반드시 짚어보아야 한다.

많은 전문가들이 방탄소년단의 성공 비결을 우리가 그동안 놓치고 있었던 '진심'이라고 진단한다. 그리고 눈에 보이지 않는 그들의 '노력'에 더 집중해야 한다고 이야기한다.

방탄소년단 멤버들은 데뷔 전부터 '연습벌레'로 알려져 있었으며, 세계적인 스타가 된 현재까지도 변함없는 진심을 가지고 있다. 하지만 진심과 노력만 가지고 성공을 이룰 수 있을까? 방탄소년단은 물론 열심히 노력한다. 이를 부정할 수는 없다. 그러나 방탄소년단뿐 아니라 다른 수많은 연습생들이 수년간에 걸친 힘든 노력의 시간을 보낸다.

방탄소년단이 전달하는 사회적 메시지나, 소수 약자를 위한 태도 등도 매우 중요한 성공 요소다. 하지만 이 또한 과거부터 우리나라 가요계에는 학교폭력에 대한 사회적 메시지와 정의로운 사회를 향한 의지를 담은 곡들이 무수히 많았음을 부인할 수 없다. 청소년의 삶에 공감하는 가사와 팬들과의 소통도 많이 있었다. 그러나 크게 성공을 거둔 경우는 적었으며, 서태지와 아이들, HOT 등 1세대 아이돌 이후 이러한 트렌드는 이미 끝났다. 그렇다면 방탄소년단은 무엇이 다를까?

진심을 담은 열정과 에너지는 중요하다. 그 무엇보다도 얻기 힘든 중요한 성공 요소다. 하지만 단순히 방탄소년단의 성공 비결을 진심, 노력 등 피상적이고 개념적인 수준으로만 이해한다면 올바른 판단이라 할 수 없다. 더구나 이들의 성공 모델을 많은 비용과 시간이 투여되는 비즈니스에 활용하려 한다면 그 위험성은 이루 말할 수 없다. '진심'이나 '노력' 같은 피상적 접근이 아닌, 보다 구체적이고 논리적인 성공 요인을 고민하는 노력이 필요하다.

오늘날 수많은 스타트업이 생겨나고 있다. 이들은 현대 경영 환경에서 기득권을 쥐고 있는 거대 기업들 때문에 생존이 어렵다고 하소연한다. 이러한 소규모 기업에 방탄소년단의 사례는 가뭄에 단비 같은 소식일 것이다. 이들은 좁은 우리나라를 철통같이 에워싸고 있는 대기업을 물리치고 세계로 뻗어나가 글로벌 시장을 장악하는 꿈같은 일을 멋지게 해냈기 때문이다.

가슴 뛰는 일을 찾아 최선의 노력을 기울이고, 고객과의 소통·공감을 통해 자신이 이루고자 하는 꿈을 이루어내는 모습이야 말로 모든 스타트업 경영자들의 소원일 것이다.

하지만 냉정하게 시장을 돌아봤을 때 이러한 진심을 가진 기업 중 성공하는 기업은 100개 중 한두 개 정도일 뿐이다. 그러면 실패하는 나머지 기업은 열심히 하지 않았거나 자신이 하고자 하는 일에 진심을 담지 않았던 것일까? 하나의 사업을 시작하는 데에는 적지 않은 자금과 오랜 시간을 필요로 한다. 그만큼 큰 결심이 필요하며 진심과 노력이 필요하다. 십여 년의 컨설팅 경험에 비추어볼 때, 자신의 사업에 진심을 담지 않은 기업은 없으며 열심히 노력하지 않는 사업가는 아무도 없다. 자신의 인생을 바친 사업인 이상, 방탄소년단 못지않게 모두가 나름대로의 철학과 스토리가 있으며 불타는 열정이 있다.

현대 자본주의 사회에서는 자신이 하고 싶은 일을 한다면 돈을 벌지 못하더라도 그것을 감수할 수 있어야 한다. 자신이 하고 싶은 일을 하면서 큰 성공까지 거두겠다는 생각은 자칫 비현실적일 수 있다. 방탄소년단조차 단순히 하나의 이상만 가지고 성공한 것이 아니다. 무수한 시행착오 끝에 노력과 행운이 조화되어 현재의 성공을 이루었다. 나는 방탄소년단의 소속사인 빅히트엔터테인먼트와 같은 중소기업이 막연히 진정성과 의지만 가지고 사업에 뛰어드는 것을 경계한다. '언젠가는 고객들이 알아주겠지.'라는 이상적인 목표만을 추구하다 어려움을 겪는 것을 수없이 봐왔기 때문이다.

먼저 방탄소년단의 활동 사실과 결과를 경영학적으로 분석할 필요가 있다. 그리고 성공 요소를 명확하게 정의하고 비즈니스에 적용할 수 있는 본질적 구동 원리를 깨달아야 할 것이다.

이 책에서는 비즈니스 관점에서 방탄소년단의 성장 과정을 구체적으로 분석하고 성공 요소와 원리를 도출했다. 그다음 비즈니스에 현실적으로 적용할 수 있는 방법을 경영 프레임과 사례를 통해 제시했다. 더 나아가 4차 산업혁명 시대로 일컬어지는 초연결과 초지능의 현대 사회는 어떻게 변화하고 있으며 기업의 성공을 위해서는 어떠한 점을 기억하고 해결해야 하는지를 종합적으로 정리했다.

이 책에서 바라보는 시각은 단순히 방탄소년단으로 대변되는 문화 콘텐츠 산업에 국한되지 않는다. 우리나라가 K팝K-POP 강국에서 문화 강국으로, 그리고 경제 강국, 소프트파워 강국으로 거듭나기 위해서는 실질적으로 경제를 움직이는 기업들이 그 성공 원리를 명확히 이해해야 한다. 세계 최대의 음악 시장인 미국에서 방탄소년단이 K팝의 물꼬를 튼 것처럼, 모든 산업이 범국가적인 초연결을 이루며 헤게모니의 변화를 겪고 있다. 우리가 나가지 않으면 경쟁자가 들어올 것이다. 쟁쟁한 글로벌 기업들이 호시탐탐 국내 시장을 견제하고 있다. 우리는 이 상황에서 우물 안 개구리가 아닌, 더 넓은 글로벌 시장으로 뻗어나가 독보적인 기업을 구축해야 한다.

단순히 이상적인 의지로만 도전하는 것은 곤란하다. 현대의 비즈니스 환경을 명확히 꿰뚫어 보고 성공 원리를 곱씹어 이해하자. 작은 기업이더라도 현대 시장의 흐름을 읽고 고객에게 다가간다면 분명히 경쟁자를 이기고 세계에서 성공하는 글로벌 기업으로 성장할 수 있다. 이것이 세계적 그룹 방탄소년단이 우리에게 주는 진정한 의의일 것이다.

2018년 가을 박형준

PART
03
방탄소년단으로 보는
마케팅 혁명

PART

01

방탄소년단이라는
신화

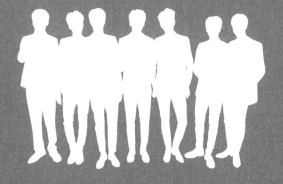

영국 BBC 방송이 만든 다큐멘터리 〈비틀스, 크렘린을 흔들다〉
(2009)를 보면 공산주의를 전복시킨 건 록 밴드 비틀스의 음악이
었다. 청년들은 외국에 나갔던 소련(현재의 러시아) 군인들이 몰
래 들여온 비틀스 음악을 들으며 머리를 길렀고, 소련 정부를 조
롱했다. 그 비틀스가 일으켰던 'Beatles BTS(비틀스의 약자) 혁명'
을 21세기 한국의 방탄소년단BTS이 펼치고 있다.

방탄소년단 신드롬, 그 진원지는 해외다

2017년 11월 미국 3대 시상식으로 불리는 아메리칸 뮤직 어워드American Music Awards에 '퍼포머' 자격으로 무대에 올라 세계를 열광시켰던 방탄소년단이 2017~2018년 2년 연속 미국 최고의 시상식 '빌보드 뮤직 어워드'까지 점령했다. 국내 그룹이 빌보드 무대에서 퍼포먼스를 선보인 것은 전례가 없는 일이다. 관객들은 방탄소년단 신곡 〈페이크 러브Fake Love〉의 한국어 발음을 따라하는 소위 '떼창'을 선보이며 빌보드 무대를 방탄소년단의 콘서트장으로 만들었다.

미국 팝 시장은 아시아 가수들에겐 넘을 수 없는 벽이었다. 진입 장벽이 매우 높았으며, 특히 빌보드 시상식에서 영미권을 제외한 외국 출신 아티스트가 상을 받는 일은 더욱 드물었다. 1980~1990년대 미국 팝 시장에서 그나마 큰 인기를 얻은 유로팝은 대부분 가사가 영어였다. 미국에 진출했던 국내 톱 가수 원더걸스나 보아도 영어로 된 노래를 선보였다. 그러나 결과는 그다지 좋지 않았다.

그나마 라틴팝을 제외하면 사실상 미국의 팝 시장에서 타언어권의 노래가 인기를 얻기란 불가능에 가까웠다. 2012년 싸이가 〈강남스타일〉로 신드롬을 일으켰지만 당시에는 중독성 있는 후렴 부분과 B급 문화 트렌드인 말춤에 기인한 측면이 컸다. 반면 방탄소년단은 2015년부터 발매한 주요 곡을 꾸준히 빌보드차트에 진입시켰으며 결국 1위에 등극했다. 그것도 전부 한국어 가사의 노래였다.

방탄소년단의 성공에 세계 비평가들의 찬사가 이어졌다. 미국 음악 매체「롤링스톤」은 "방탄소년단이 공식적으로 미국 시장을 정복한 것"이라는 평가를 내렸고, 그래미는 "이 슈퍼스타 그룹은 최근 북미 차트를 장악하며 세계적으로 K팝의 위상을 떨치고 있다."며 방탄소년단을 주목했다. 영국의「가디언」역시 방탄소년단의 성과를 한국의 정상회담 이슈와 함께 다루며 "한국의 또 다른 정상Korea's other summit"이라는 표현을 썼다. BBC는 방탄소년단을 "한국 최고의 음악 수출품"이라고 평가했다.

국내에서는 문재인 대통령이 2018년 5월 28일 "빌보드 핫 100 차트 1위도 하고, 그래미상도 타고, 스타디움 투어도 하고, 세세에서 가장 영향력 있는 가수가 되고 싶다는 방탄소년단의 꿈을 응원한다."며 축하의 인사를 전하기도 했다.

연이어 9월에는 보수적인 성격으로 유명한 그래미 박물관에 초대되어 명실상부한 아티스트로서의 권위를 인정받았다.

수많은 기록을 갈아치운 '기록소년단'

앨범을 발매할 때마다 자체 기록을 경신하는 방탄소년단은 '기록소년단'이라는 별명을 얻었다. 3집 앨범의 경우 앨범 발매 전 선주문량만 해도 150만 장을 기록했으며, 한터차트 기준 컴백 첫주에 100만 장 앨범이 판매되었다. 3집 타이틀곡 〈페이크 러브〉의 뮤직비디오는 유튜브 공개 4시간 55분만에 1,000만 뷰를 달성했고(세계 최단 기간) 약 8일 9시간 만에 1억 뷰를 기록했다. 또한 2018년 8월 발표한 신곡 〈아이돌IDOL〉의 뮤직비디오는 공개 4일 23시간만에 1억 뷰를 넘어서며 한국 그룹 최단시간 1억 뷰 돌파 기록을 세웠다. 현재 방탄소년단의 공식 SNS 팔로어 수는 1,100만 명이다. 2017년 12월 미국의 경제 전문 통신사 블룸버그가 발표한 트위터 '좋아요', '리트윗' 수에서는 5억 200만 회를 기록해, 저스틴 비버의 2,200만 회, 도널드 트럼프의 2억 1,300만 회 등을 크게 앞서며 1위를 기록했다.

무엇보다도 방탄소년단은 유튜브 콘텐츠의 힘으로 이와 같은 성과를 이룩했다. 유튜브에서 방탄소년단의 영향력은 놀라운 수준이다. 1억 뷰가 넘는 뮤직비디오만 열세 곡이 넘는다. 특히 '러브 유어셀프 승 허Love Yourself 承 Her'의 타이틀곡 〈DNA〉의 뮤직비디오 조회수는 4억 뷰를 넘는다. 방탄소년단의 인기곡

10곡을 합치면 30억 뷰를 넘어선다. 뿐만 아니라 현대의 트렌드인 '재편집 콘텐츠'에서 방탄소년단의 팬들은 어마어마한 양을 쏟아내고 있다. 방탄소년단의 팬클럽 '아미ARMY'의 편집 영상들과 방탄소년단의 뮤직비디오에 리액션하는 세계 각국 유튜버들의 동영상도 반응이 뜨겁다.

이러한 인기에 힘입어 방탄소년단은 현재 미국 음악 시장의 한가운데로 진입하고 있다. 미국 시사주간지 「타임」은 '인터넷에서 가장 영향력 있는 25인'에 한국인으로는 유일하게 방탄소년단을 올렸으며, 「뉴욕 타임스」는 '미국인들이 가장 사랑하는 아티스트' 44위로 선정했다(아시아 가수 중 유일하게 선정되었다). 또한 영국 BBC는 "방탄소년단이 2019년 기네스 월드 레코드에 2개의 신기록을 냈다."며 트위터 최다 활동과 24시간 유튜브 최다 조회 수 기록을 언급했다.

뿐만 아니라 방탄소년단은 주변을 둘러싼 많은 산업에도 막대한 영향을 미친다. 정규 3집 앨범 '러브 유어셀프 전 티어Love Yourself 轉 Tear'의 모티브로 알려진 책 『닥터 도티의 삶을 바꾸는 마술가게』가 출간 2년 만에 '역주행' 기록을 세우며 주간 베스트셀러 종합 1위에 오르기도 했으며, 방탄소년단과 함께 사업을 벌인 기업, 소속사 지분을 보유한 기업, K팝 관련 업체 등의 주가가 일제히 상승했다.

'흙수저 아이돌'이 일군 중소기업의 기적

방탄소년단은 히트곡 작곡가이자 프로듀서인 방시혁 대표가 만든 '그저 그런' 아이돌 그룹 중 하나였다. 총알을 막아낸다는 뜻의 '방탄'이라는 단어에 10~20대들이 사회적 편견과 억압을 막아내고 자신들의 음악과 가치를 지켜내겠다는 의미를 부여했다.

현재 방탄소년단의 노래는 10대와 20대 청춘들의 생각, 삶과 사랑, 꿈을 주요 주제로 하고 있지만, 데뷔 초기에는 정통 힙합 그룹 콘셉트를 표방했다. 방탄소년단의 리더인 RM이 밝힌 바에 따르면, 원래는 지금과 같은 아이돌이 아닌 정통 힙합 그룹으로 만들어질 예정이었다. 따라서 안무보다는 노래와 랩에 집중했다.

방탄소년단의 소속사인 빅히트 엔터테인먼트는 중소 기획사였다. 방송계에서 막강한 영향력을 가진 대형 기획사가 아닌 경우 그 한계점이 명백하다. 기획사가 자본과 방송 영향력에서 경쟁사에게 밀리면 소속 그룹의 방송 출연이 어렵고 시청자에게 노출이 안 된다. 그러면 자연히 인기가 떨어지고 방송 출연이나 콘서트, 광고 등의 기회가 줄어드는 악순환에 빠진다. 방탄소년단 역시 데뷔 초기에는 이러한 중소 기획사의 한계점이

여실히 드러났다. 방송 출연도 변변치 않았으며 연기나 광고 섭외도 들어오지 않아 수익을 내기가 어려웠다. 이런 점에서 방탄소년단은 '흙수저 아이돌'로 불리기도 했다. 뮤직비디오 촬영 때 예산이 부족해 배우를 기용하지 못하고 매니저가 대신 연기해주기도 했다는 말이 나올 정도였다.

기대할 수 있는 건 히트곡 제조기 방시혁 대표의 프로듀싱 능력뿐이었다. 하지만 이마저도 실패했다. 과도한 정통 힙합 그룹 콘셉트로 인해 멜로디나 가사는 대중성이 떨어졌다. 2013년 발표한 데뷔 앨범 '노 모어 드림No More Dream'의 당시 판매고는 3만 장에 불과했다. 정규 1집 앨범의 타이틀곡 〈댄저danger〉는 공개한 시간 만에 음원 차트 순위권 밖으로 밀려나기도 했다. 이러한 이유로 방탄소년단은 방송 활동 기회를 거의 잡지 못한 채 데뷔 초기를 보냈다. 그렇게 방탄소년단은 '유명 작곡가 방시혁이 만든 아이돌 그룹'이라는 수식 외에는 별다른 관심을 끌어내지 못하며 잊히는 듯했다.

그러나 이후 '다크 앤드 와일드Dark&Wild'(2014), '화양연화 pt.1'(2015), '화양연화 pt.2'(2015) 등의 앨범이 성공을 거두며 미국 빌보드 메인 차트인 빌보드 200에 처음으로 진입했고, 스페셜 앨범 '화양연화 영 포에버Young Forever'(2016)를 발매하며 많은 인기를 끌었다. '화양연화' 시리즈는 2017년까지 105만

장에 달하는 앨범 판매량을 달성했으며 이로 인해 방탄소년단은 글로벌 인기 아이돌 대열에 들어섰다.

방탄소년단은 2년 만에 발매한 두 번째 정규 앨범 '윙스 Wings'(2016)를 통해 K팝 아이돌 그룹으로서 해외에서 전례 없던 기록을 세우며 톱 아이돌 반열에 등극했다. 이 앨범은 빌보드 200 차트에 26위로 진입했고, 한국 가수 최초로 영국 오피셜 앨범 차트에 진입(62위)했으며, 빌보드 월드 앨범 차트 18주 연속 톱10에 올랐다. 또한 2016년 12월 엠넷 아시안 뮤직 어워드 올해의 가수상, 멜론 뮤직 어워드 올해의 앨범상을 수상하며 국내 가요계에서도 정상에 올랐다.

이후 2017년과 2018년 빌보드 뮤직 어워드에서 톱소셜아티스트 상을 수상하고 각종 기록을 세우며 본격적으로 세계 무대에 진출한다. 방탄소년단은 데뷔 이후 전 세계에서 500만 장 이상의 앨범을 판매하며 세계적 아이돌 그룹으로 등극했다.

방탄소년단은 업계에서 흔히 '중소의 기적'으로 불리는 그룹이다. 중소 기획사에서 나온 아이돌은 데뷔 때부터 메이저 기획사와 달리 큰 화제성 없이 시작한다. 자본이 풍부하지 않기 때문에 젊은 메인 타깃에 마케팅을 쏟아부을 수도 없어서, 틈새시장을 노리는 경우가 대부분이다. 국내 시장을 운 좋게 잡는다고 해도 해외 시장은 더더욱 어렵다. 대형 기획사의 경우 이미 해외 K팝 팬들 사이에서 어느 정도 인지도를 확보한 데다가 외국인 멤버도 보유하고, 많은 해외 진출 경험까지 가지고 있어서 해외 시장에서 유리한 고지를 선점하고 있다. 그러다 보니 중소 기획사가 이를 따라가기란 결코 쉽지 않다. 하지만 방탄소년단은 이러한 불리한 환경을 극복하고, 짧지 않은 시간 동안 피나는 노력을 계속한 끝에 지금의 눈부신 성공을 이룰 수 있었다.

방탄소년단이 높이 평가받는 이유

이탈리아의 역사철학가 베네데토 크로체Benedetto Croce는 "모든 역사는 현대의 역사"라며 역사 인식의 주관성을 강조했다. 즉, 역사는 후대에 권력을 잡은 승자에 의해 주관적으로 기록되고 평가되며, 객관적인 사실은 중요하지 않다는 의미다. 엔터테인먼트 시장에서의 승자인 방탄소년단의 역사는 이렇게 쓰인다.

현대 비즈니스계에서 방탄소년단의 성공은 기존의 모든 단점과 시행착오에 눈을 감게 하며, 모든 것이 성공을 위해 완벽하게 설계된 것처럼 전파되었다. 물론 방탄소년단의 성공은 무수한 노력과 인내를 통해 이루어진 것이 맞다. 이를 폄하할 생각은 없다. 하지만 이들의 모든 노력이 오늘날의 성공을 이루게 했다는 것은 결과론적인 해석이며, 당시에는 누구도 이를 성공 요인으로 여기지 않았다. 오히려 비판적 시선으로 걱정스럽게 본 전문가들이 대부분이었다. 그렇다면 지금 시점에서 전문 비평가들은 방탄소년단의 성공 요인으로 무엇을 꼽을까?

일반적으로 방탄소년단의 성공 요인은 세 가지로 분류된다.
첫 번째는 방탄소년단의 **실력**, 즉 세계 시장에서 통할 만한 완성도 높은 노래와 춤, 그리고 외모다. 글로벌 팝 전문가들은 방탄소년단의 음악은 'K팝'이라기보다는 글로벌 음악에 가깝다고 말한다. 음악평론가 황선업은 방탄소년단의 음악을 "힙합을 바탕으로 레게, 일렉트로닉, 남미 음악 등 다양한 장르가 녹아 있는 무국적 글로벌 음악"이라며 "한국어로 부른다는 점을 제외하고는 사운드나 스타일 면에서 글로벌 트렌드를 잘 살려낸 음악이기 때문에 북미 시장에서 훨씬 자연스럽게 받아들여지는 것 같다."고 설명했다. 이와 함께 퍼포먼스와 무대에서 보여주는 에너지가 뛰어나며, 비트감이 강하고 분절되는 노래가 안무와 결합되면서 훨씬 역동적으로 느껴진다고 덧붙였다.
전문가들은 "방탄소년단의 노래들은 K팝이라는 제한된 장르의 색채를 걷어내고 글로벌 시장 트렌드에 맞는 음악을 구현해낸 덕택에 해외 팬들도 거부감 없이 쉽게 수용했다."고 말한다. 해외 팬들이 한국어를 못 알아들으니 처음에는 멜로디와 칼군무, 그리고 비주얼 임팩트를 뮤직비디오로 녹여내는 데 초점을 맞췄다. 이와 함께 콘셉트를 다양하게 가져가고, 멤버들의 앨범 참여도를 높이고, 대중과 공감이 가능한 가사로 사로잡는다는 전략으로 세계 시장을 공략했다.

두 번째는 방탄소년단이 추구하는 **진정성 있는 메시지**다. 국내 대부분의 아이돌 그룹은 온종일 소위 '칼군무'에 목숨을 걸며 '주어진' 곡을 소화하는 데 집중한다. 하지만 방시혁 대표가 방탄소년단에게 요구한 것은 "너희 자신의 이야기를 음악으로 만들 수 있는 역량을 키워야 한다."였다. 따라서 방탄소년단은 자신들의 일상생활에서 소재를 찾아 노래로 만드는 과제를 해결하며 연습생 시절을 보냈다. 유명 작사·작곡가의 도움을 받지 않았으며, 멤버끼리 서로 가르치고 배웠다. 그 결과 멤버 전원이 작곡 및 작사가 가능한 그룹이 됐다. 멤버들이 직접 앨범 작업에 참여하면서 진짜 젊은 세대의 느낌이 나올 수 있었다. 방탄소년단은 데뷔 이래 줄곧 앨범 제작에 적극적으로 참여하며 자신들의 이야기를 풀어내고 있다. 어떤 장르가 되든 사랑, 꿈, 우정, 청춘, 방황 등 팬들이 공감할 수 있는 메시지를 실었다.

방탄소년단이 국내외에서 주목받기 시작한 것은 앨범 '화양연화 시리즈'를 발매하면서부터다. 이 앨범을 통해 청춘이 느끼는 고민과 고뇌, 갈등, 고통을 담아내며 1020세대의 아픔과 사랑을 노래로 표현해 큰 공감대를 얻었다. 뮤직비디오도 차별점을 두었다. 각 멤버별로 캐릭터를 부여하고 후속곡과 메시지가 연결되도록 거시적 안목으로 설계했다. 팬들에게 후속 뮤직비디오에 대한 기대감을 고조시켰으며, 이것으로 콘텐츠 차별화에 성공했다.

세 번째 성공 요인은 방탄소년단 특유의 **소통**이다. 방탄소년단은 SNS로 자신들의 밑바닥까지 보여준다. 단순한 음악활동 이야기부터 숨겨진 자신의 성격까지 일거수일투족을 모두 공개하며 팬들과 '수평적 연대'를 모색한다.

이것은 프랑스 철학자 질 들뢰즈Gilles Deleuze의 리좀rhizome 개념에서 나온 것으로, 리좀은 위계질서와 상관없이 서로 연결하고 접속하는 네트워크 구조를 말한다. 방탄소년단과 팬덤 '아미'의 관계는 이러한 네트워크 구조를 지향한다. 방탄소년단은 자신의 모든 것을 공개하며 팬들의 위로를 얻고, 팬들의 댓글에 일일이 반응하는 수평적 네트워크로 존재한다. 팬들은 방탄소년단이 만든 뮤직비디오 영상을, 감상하는 차원을 넘어 재창조하며 생산자로 나선다. 예술의 가치가 수평적 공유 가치로 바

꿰게 되는 것이다.

데뷔 전부터 꾸준히 트위터와 블로그를 통해 팬들과 소통한 방탄소년단은 유튜브를 통해 어마어마한 양의 콘텐츠를 쏟아냈다. 소속사는 멤버별 개인 콘텐츠를 블로그나 트위터에 업로드했다. 이러한 노력은 칼군무를 바탕으로 높은 퀄리티로 제작된 뮤직비디오가 국내를 넘어 해외 팬들로부터 조금씩 관심을 얻는 계기가 됐다. 그렇게 그들의 숨은 진가가 발휘되기 시작했고, 점차 한국어 가사가 SNS 등으로 실시간 번역돼 외국인도 그들의 노래 속 메시지를 전달받았다. 그렇게 방탄소년단은 청춘의 보편적 주제를 바탕으로 국적과 인종, 문화를 모두 초월한 세계적인 그룹이 되었다.

방탄소년단은 이처럼 그들이 가진 강점을 무기로 글로벌 시장을 집중 공략해 당당하게 최고의 아이돌에 오를 수 있었다. 이에 대해 많은 전문가들은 한결같이 방탄소년단과 그 소속사의 성공을 향한 노력을 높이 사며, 많은 기업들이 이를 보고 배워서 진정한 문화 강국으로 거듭나야 한다고 강조하고 있다.

대중음악평론가 강태규는 방탄소년단 신드롬에 대해 "내수 시장에도 신경을 많이 썼지만 자신들의 콘텐츠가 해외에서 통할 수 있다는 판단을 하고 세계적인 시야를 가지고 실천했다."며 높이 평가했다.

방탄소년단 신화를 둘러싼 **오해와 진실**

그렇다면 이러한 노력들은 모두 철저하게 기획된 것일까? 많은 전문가들이 방탄소년단은 처음부터 세계 시장을 타깃으로 기획된 그룹이며 성공 요인을 처음부터 충실히 이행한 장기적 전략의 결과라고 입을 모은다. 앞서 설명한 성공 요인은 실제로 현재의 방탄소년단을 있게 한 중요한 요소다. 하지만 이러한 성공 요인을 처음부터 기획하고 그대로 실행한 것은 아니었다.

—

방탄소년단은 처음부터 해외 시장을 염두에 두고 만들었다?

방시혁 대표는 "해외 시장을 의도적으로 공략한 것은 아니다. 방탄소년단을 기획하기 전에 그들을 만났을 때 솔직히 나는 지금과 같은 미래를 꿈꾸지 않았다. 세계적인 톱 아티스트를 키워내겠다는 목표를 세운 적은 없다."라고 말했다. 실제로 방탄소년단은 여느 아이돌 그룹처럼 해외파 멤버가 하나도 없어서 세계 진출은 꿈조차 꾸지 못했다. 방시혁 대표는 방탄소년단의 성공 요인에 대해 "내가 생각하는 K팝의 핵심은 비주얼적으로 아름답고, 음악이 총체적 패키지로 작용하고, 무대 퍼포먼스가 멋있는 것이다."라고 말했다. 즉, 실력이 중요한 요소라는 것은 맞지만 해외 시장을 노리고 실력을 세계 무대에 맞춘 것은 아니라는 설명이다. 실제로 데뷔 직후 초창기 곡들의 유튜브 조회수는 해외 팬을 많이 확보한 지금도 그리 높지 않다.

일부 전문가들은 미국 음악 시장이 일찌감치 방탄소년단의 음악성과 보편성의 잠재적 가치를 알아보고 방탄소년단에 주목했다고 지적했는데 이것도 사실이 아니다. 미국 시장은 그동안 비주류 외국 뮤지션들의 무덤이었다. K팝 가수들은 2008년경부터 미국 팝 시장 진출을 시도했고, 국내 최고 인기를 구가했던 소녀시대, 카라, 비, 원더걸스, 보아, 2NE1 등이 진출했지만 모두 빌보드 차트 상위권에 진출하는 데 실패했다. 코믹한 B급 코드를 내세운 싸이를 제외하고는 전멸인 상태였으며, 미국 음악 시장은 방탄소년단에게도 큰 기대를 하지 않았다. 더구나 기존의 K팝 아티스트에게는 주어졌던 방송 출연 기회도 방탄소년단에게는 거의 허락되지 않다가, 그나마 아시아의 케이블TV를 통해 미국에 소개되었다.

—

팬과의 소통은 성공을 향한 의도된 전략이었다?

엔터테인먼트 시장은 소수의 대형 기획사가 상품, 음원, 방송 등을 대부분 장악했으며, 그들이 키우는 그룹들은 서울과 경기 지역 등 물리적으로 가까운 곳에 주로 활동하게 되었다. 반면, 중소 기획사에서는 상업성 있는 비즈니스를 할 여력이 적었다. 따라서 국내 방송 활동만으로는 한계를 느낀 방탄소년단은 활동 무대를 아예 인터넷으로 옮겼다. 메이저 방송 활동, 상업적·물리적 노출을 많이 할 수가 없었기 때문에 저가의 콘텐츠를 다량으로 제작해 인터넷으로 배포한 것이다.

이러한 배경으로 방탄소년단은 전 세계를 대상으로 한 커뮤니케이션(인터넷)을 지속하게 되었다. 중소 기획사의 한계가 역설적으로 해외 팬들과 소통할 수 있는 기회가 된 것이다. 대형 기획사는 음원의 저작권에 상당히 민감하기 때문에 팬들이 2차 창작에 많은 제한을 받는다. 그에 비해 빅히트엔터테인먼트는 이러한 제한을 모두 풀어줌으로써 팬들의 자유로운 창작 활동이 가능했다. 이로 인해서 방탄소년단과 관련된 콘텐츠가 엄청나게 쏟아지게 되었으며 이것이 팬들을 헤어나올 수 없는 방탄소년단의 늪에 빠지게 만들었다. 방시혁 대표는 "멤버들이 데뷔 초부터 지속적으로 본인들이 생각하는 이 시대에 대한 이야기를 온라인으로 나눴고 이런 것들이 디지털화된 미디어를 통해 글로벌 팬들에게 영향을 미친 것 같다."고 말했다.

—

진정성 있는 메시지로 다수의 젊은 층을 공략했다?

보통 메이저 기획사의 아이돌은 데뷔와 동시에 가요 차트 상위권에 오르고, 데뷔 직후부터 수많은 방송 활동을 소화한다. 이에 반해 방탄소년단의 출발은 초라하기만 했다. 이들의 초기 전략은 한마디로 틈새시장을 노리기 위한 것이었다. 방탄소년단은 데뷔하면서 정통 힙합 콘셉트를 들고 나왔다. 힙합의 자유로운 문화를 기반으로 반항과 학생들의 입장을 대변하는 사회적 메시지를 담고 출발한 것이다. 실제로 첫 번째 미니 앨범인 'O!RUL8,2?'에서는 "놀고 먹고 싶어 교복 찢고 싶어, Make money good money 벌써 삐딱한 시선", "Oh oh my haters 좀 더 욕해줘", "현실 찐따들의 비극적인 코미디" 등 과할 정도의 반항과 현실 비판적인 색깔이 강했다.

즉, 초기에는 오히려 대중적인 거대 시장을 노리고 진정성 있는 메시지를 선보인 것이 아니라 국내 10대 청소년들의 반항에 초점을 맞춘 가사를 선보였다. 이러한 학교폭력, 사회 고발, 저항, 청소년의 대변자 등의 역할은 시대에 뒤떨어진다는 의견이 대부분이었다. 당시의 활동은 사실 청소년을 대변하는 진정성 있는 메시지라고 하기에는 과하게 폭력적이고 반항 정신을 확대 해석한 모습이 강하게 드러난다. 이것은 일부러 메시지를 과장해 틈새시장에서 화제성을 일으키려는 의도였다. 하지만 업계 및 팬들의 반응은 그다지 좋지 않았다. 1990년대 1세대 아이돌 이후 이러한 콘셉트가 다수 대중들의 인기를 얻기에는 역부족이었고, 남들이 하지 않는 콘셉트이기 때문에 매니악한 인기를 얻는 비주류 문화라고 여겨지며 외면당했다. 이러한 과격한 힙합 콘셉트로 인해 방탄소년단은 계속된 실패를 거듭했다. 하지만 이후 많은 고민 끝에 콘셉트의 변화를 가져왔고, 점점 현재와 같이 청춘들의 생각, 삶과 사랑, 꿈을 주요 주제로 삼게 되었다.

진정성과 소통의 힘에 눈뜨게 한 방탄소년단

방탄소년단의 성공은 우연이라고 하기에는 너무나 값진 결과다. 특히 현재와 같이 막대한 자본력을 앞세운 대기업이 대부분의 산업을 강철같이 지키고 있는 독과점의 시대에, 그 틈바구니 속에서 자본의 고갈과 수익의 압박에 시달리는 중소기업이 대기업을 이겼다는 사실만으로도 그 비결은 반드시 짚고 넘어가야 한다. 또한 대기업조차 막대한 노력에도 불구하고 뚫지 못했던 세계 시장에서 거둔 눈부신 성과는 우리 기업들이 현대 글로벌 시장을 분석하고 어떻게 공략해야 하는지에 대한 열쇠를 던져주고 있다. 방탄소년단이 불가능해 보일 정도로 큰 벽을 넘고 이만큼의 성공을 이뤄낸 것은 실로 기적과 같다. 우리는 이 기적을 면밀하게 분석해, 막연히 뜬구름 잡는 개념이 아닌 비즈니스적으로 추진이 가능한 구체적 실행 계획으로 녹여내야 한다.

임일 연세대 경영학과 교수는 방탄소년단의 성공 요인을 기업이 배워야 한다고 강조했다. 임 교수는 "방탄소년단이 단순히 SNS를 기술적으로 잘 활용해 성공한 것은 아니다. 그들은 단지 SNS에 진정성을 담아 팬들과 소통했다."고 말했다. 방탄소년단 리더 RM은 여성 비하 가사를 썼다는 지적을 받은 후 SNS를 통해 페미니즘 책을 읽는 사진을 올리는 등 팬들의 지적에 귀를 기울이는 모습을 보였다. 진정성을 담은 소통으로 팬들을 자신의 사람으로, 나아가 충성도 높은 '아미'로 만드는 데 성공한 것이다. 또한 임 교수는 아무리 소통을 잘해도 실력이 없었다면 방탄소년단의 성공은 없었을 것이라며 "기업도 진정성을 담은 소통을 바탕으로 기본적인 제품 콘텐츠를 갖춰야 소비자들이 응답할 것"이라고 강조했다.

미국 매체 CNBC는 다른 K팝 그룹들과 가장 큰 차이점으로 '진정성'을 꼽으면서 만들어진 그룹이라기보다는 아티스트라는 인식을 팬들에게 각인시켰고, 이러한 진정성을 전하는 능력이 미국의 팬들을 늘리는 데 큰 기여를 했다고 보도했다.

이러한 진정성은 어디서 오는 것일까? 그리고 이것이 성공의 진짜 요소일까? 바꿔 말하면 진정성과 열정을 가지고 음악과 퍼포먼스에 집중하고 팬들을 잘 관리하면 누구나 성공할 수 있을까?

단순히 현시대를 풍미하는 방탄소년단의 화려함에 눈이 멀어 그 뒷면의 비즈니스적 원리와 사회 변화 양상을 놓친다면 진정한 성공 요소를 알지 못할 것이다.

방탄소년단을 하나의 작은 회사라고 봤을 때, 거대한 경쟁의 틈에서 성공적으로 비즈니스를 안착시키고 국내 무대를 넘어 세계 무대로 뻗어나가기 위해서 어떠한 핵심 역량을 갖춰야 하는지, 그리고 비즈니스의 성공 원리는 무엇인지를 알 필요가 있다. 이제부터 방탄소년단의 준비 기간, 데뷔부터 무명생활, 인기 상승 및 세계 정복에 이르기까지의 과정을 비즈니스 관점에서 다각도로 살펴보고, 그 의미를 경영학적 프레임으로 관찰해 그에 따른 핵심 성공 요소가 무엇인지 하나씩 짚어보도록 하자.

PART
02

방탄소년단 성공의 네 가지 축
T.T.W.V.

비즈니스 관점에서 방탄소년단의 성공 원리는 크게 '타이밍
Timing', '타기팅Targeting', '완전완비제품Whole Product', '화제성 전
파Viral' 이렇게 네 가지로 나눌 수 있다.

첫 번째, **타이밍**은 시장에 진입하는 시점을 말한다. 즉, 똑 같
은 역량과 전술을 가지고 시장에 진입하더라도 성공하는 시섬
이 있고 실패하는 시점이 있다. 이것은 거시적으로 시장을 보
는 눈이다. 시장에는 흐름이 있고 주기가 있다. 역사적으로 대
부분의 기업들이 이러한 흐름에 맞춰 성공과 실패가 좌우되었
다. 시장이 성장할 때는 보통 정도만 해도 승승장구하며 성공을
거듭하지만, 시장이 정체되어 있으면 아무리 뛰어난 사업가도

실패를 맛보게 된다. 방탄소년단이 시장에 진입한 시점은 아이돌 그룹이 글로벌 시장의 성장 초기 단계에 진입하고 있던 시기였다. 2000년대 들어와 꾸준하게 K팝이 소개되고 여러 개척자들이 노력한 덕택에 글로벌 시장이 적당히 달구어져 있었다. 이전에 진입한 K팝 뮤지션들은 대부분 노력에 비해 쓴맛을 보고 퇴장했다. 이만큼 사업의 성패를 결정짓는 가장 중요한 요소가 타이밍이며, 이것은 뒤에서 이야기할 시장 성숙 단계 프레임으로 이해해야 한다.

두 번째, **타기팅**은 우리의 제품과 서비스로 집중적으로 공략하는 고객 그룹이다. 타기팅은 초연결사회를 맞고 있는 현대에 와서 그 중요성이 더욱 커지는데, 그 이유는 모든 고객이 연결되어 있고 서로 영향을 줘서 도미노처럼 넘어뜨리기 때문이다. 이러한 현상은 방탄소년단이 추구하는 유기적이고 수평적인 '리좀' 네트워크에서 더욱 심화된다. 마치 핵분열을 하듯 하나의 원자핵이 원자핵 간 네트워크를 타고 걷잡을 수 없이 활성화되어 폭발적으로 퍼져나간다. 비즈니스에서는 타기팅을 위해서 이러한 네트워크 구조를 이해하고 소수의 집단을 공략해야 폭발력이 수십 배로 증폭된다. 기업은 그들이 가진 장점을 잘 이해하고 이것을 효과적으로 전달하기 위해 전체 시장을 정의한 후, 이 시장을 장악할 수 있는 네트워크 구조를 시뮬레이션한다. 그리고 그 이후 발화점_{tipping point}이 되는 타깃 고객층을 선정한다. 방탄소년단의 경우, K팝을 서비스할 수 있는 세계 시장을 영미권의 젊은 층까지 확대 정의했다. 그리고 전체 소비자에게 영향력을 전이시킬 수 있는 타깃을 폐쇄적 소수 인종 그룹으로 선정했다. 강력한 네트워크를 자랑하는 사회적 소수 인종 그룹에서 방탄소년단은 그야말로 아이돌로 떠오르고 그들의 시간과 노력을 잠식했다. 이것은 후에 전 세계에 확장될 수 있는 강한 기반으로 자리 잡는다.

세 번째, **완전완비제품**은 우리가 현재 시장에 퍼뜨릴 수 있는 히트 상품을 의미한다. 방탄소년단이 데뷔 초기에 추구했던 강한 힙합 콘셉트는 타깃 고객층이나 틈새시장을 공략하는 데는 좋지만 고객 범위의 한계가 있기 때문에 세계적 유행을 불러일으키지는 못했다. 적당히 소수 인종 그룹을 장악한 이후에 방탄소년단이 보여준 완전완비제품은 '화양연화 시리즈'로 대표되는 강한 스토리로 이어지는 감성적 콘셉트였다. 이에 맞춰 멜로디, 퍼포먼스, 영상, 노래, 가사 등이 적당한 요소를 이루며 완전완비제품을 만들어냈다.

완전완비제품은 모든 게 완벽한 제품이 아니다. 방탄소년단이 K팝의 모든 요소에서 최고라고 말하기 어렵다. 방탄소년단의 완전완비제품은 각 요소에서 타깃 고객층이 원하는 수준을 모두 맞춘 것뿐이다. 특히 K팝이라는 장르를 처음 접한 미주 지역 고객에게 미세한 품질의 차이는 중요하지 않았다. 고객 관점에서 전체적으로 만족도 수준이 어느 정도 확보될 때 폭발력 있게 전파되는 것이다.

마지막으로 **화제성 전파**는 고객이 제품을 퍼뜨릴 수 있도록 재료를 전달하는 것이다. 고객 수용 주기 프레임에서 타깃 고객층이 제품에 반응했으면 그 효과를 확대하기 위해 다른 고객층에 전달하도록 이야깃거리를 제공해야 한다. 방탄소년단은 이 화제성 전파에 가장 많은 노력을 기울였다.

방탄소년단은 화제성 전파를 위해 다양한 종류의 콘텐츠를 쏟아냈으며, 자유롭게 팬들이 콘텐츠에 참여하도록 소통에 최선을 다했다. (비록 소규모 기업이므로 인터넷 콘텐츠에 올인한 것은 불가피한 선택이었지만) 가장 이루기 어려웠던 화제성 전파를 각고의 노력 끝에 해냈다는 점에서 방탄소년단의 의의는 매우 크다. 앞의 세 가지 성공 조건, 즉 타이밍이 완벽하고 타기팅이 정확하고 완전완비제품을 갖추었더라도 이것을 가지고 화제성을 만들고 전파하지 못한다면 거기서 비즈니스의 성장이 멈춘다. 대부분의 기업에서는 투자를 했으니 이제 수익을 확보하기 위해서 갖가지 돈 되는 사업으로 눈을 돌린다. 따라서 고객의 눈과 귀를 꾸준히 잡는 데는 소홀해질 수밖에 없으며, 상품의 전파는 거기서 끝나게 된다. 처음에 계획했던 타깃 시장을 장악하기 위해서는 꾸준한 화제성 전파가 필요하다. 방탄소년단은 팬들과 오래 소통하면서 건설적인 방향으로 같이 성장했다. 이런 노력으로 인해 콘텐츠가 꾸준히 증가했고 팬들에 의한 여러 가지 재생산 콘텐츠들이 쏟아졌다. 그 결과 콘텐츠 생산 속도가 소비 속도를 뛰어넘는 선순환에 오르는 것이 가능했다. 방탄소년단의 왕국은 하나의 거대 플랫폼으로 작용해 팬덤의 활동량은 갈수록 증대되고 있으며 지금도 플랫폼의 크기는 더욱 커지고 있다.

비즈니스 관점에서 방탄소년단의 성공은 앞에서 설명한 네 가지 요인으로 이해할 수 있다. 그러면 이 네 가지 요인을 구체적으로 설명하기 위한 경영학 사례와 원리들을 중심으로 방탄소년단의 활동을 비즈니스적으로 이해하고, 이것을 실제 기업 경영에 활용하는 방법에 대해 알아보기로 하자.

CHAPTER 01

방탄소년단과 캐즘마케팅
세계 정복의 최적 타이밍은?

글로벌 K팝 시장이 달구어지다

방탄소년단이 데뷔한 시점은 2013년이고, 본격적으로 해외에 알려지고 뻗어나간 시점은 2015년경부터다. 만약 방탄소년단이 진정성을 무기로 10년 전, 아니 5년 전에 미국 시장에 도전했으면 어땠을까? 혹은 지금보다 5년 뒤에 도전했으면 어땠을까? 지금과 마찬가지로 성공했을까?

'혁신의 대명사'로 불리는 스티브 잡스는 휴대전화, 업무용 PDA, MP3 플레이어를 하나로 합친 혁신적인 제품을 줄곧 꿈꿨다. 그는 모토롤라와 합작으로 '락커ROKR'라는 휴대전화를 만들어 2005년에 출시했는데, 스마트폰으로 진화하기 전 단계 개념이었다. 하지만 당시에는 스마트폰 시장이 겨우 도입 단계였다. 소비자는 휴대전화로 음악을 듣는다는 개념 자체가 생소했으므로 대중에게 호응을 얻지 못했다. 결국 잡스는 모토롤라와 결별하고 '락커'의 실패를 인정할 수밖에 없었다. 스티브 잡스조차도 도입 단계를 돌파하기 어려웠던 것이다. 이처럼 시장에는 성숙 단계에 따른 흐름이 있다. 지금은 아이폰이 당연시되고 누구나 편하게 쓰고 있지만, 스마트폰이 나오기 전에는 스마트폰에 대한 사람들의 인식이 전혀 없었으며 시장에서 처참한 실패를 맞게 되었다.

2009년 애플에서 출시한 아이폰 3GS는 폭발적인 인기를 얻으며 시장에서 대성공을 거두었는데, 그 전과의 차이는 무엇일까? 스마트폰은 기술 자체로는 혁신적인 제품은 아니었다. 무선통신, mp3, 터치패드, 동영상 기능 등의 모든 기술은 기존에 이미 오래전에 개발된 기술이었다. 하지만 이러한 기술은 중요하지 않다. 제품을 부담 없이 받아들이기 위해서는 고객의 인식이 자리 잡고 있어야 하며 시장이 충분히 달구어져 있어야 한다.

방탄소년단은 시장의 환경이 무르익은 정확한 시점에 흐름을 타게 되었다. 방탄소년단이 뻗어나간 2015~2016년은 시장의 흐름상 K팝이 대중 고객에게 전달되기에 적당한 타이밍이었다. 과거 10년여 동안 K팝이 수차례 외국에 소개되어 세계적으로 K팝에 대한 거부감이 없을 정도의 학습이 되었으며, K팝이 전달하는 영상, 품질에 대한 이해와 추가적인 욕구가 강하게 나타나고 있었다. 과거 보아, 비, 원더걸스, 동방신기 등에 의해 아시아, 유럽, 남미의 고객들은 K팝 아이돌에 대한 경험이 있었고 비교적 최근에는 빅뱅, 슈퍼주니어, 소녀시대, 엑소 등에 의해 영미권까지 K팝에 대한 학습이 일어난 상황이었다.

지금의 방탄소년단은 절대 그들만의 노력으로 성공하지 않았다. 이들보다 앞서 도전했던 여러 K팝 아이돌들의 선구적인 노력이 얼리어댑터 고객들(주로 아시아 지역의 사회적 소수·청소년)을 달구어놓았기 때문에 가능했다. K팝에 대한 잠재적 요구가 충분했으며, 누구나 한번쯤은 K팝을 들어보고 소식을 접하게 되면서 거부감을 많이 상쇄시켰다. 한마디로 시장은 K팝을 받아들일 준비가 되어 있었다.

글로벌 시장을 읽는 도구, 산업 수명 주기

앞서 설명한 흐름을 K팝 시장을 기준으로 프레임화해보면 다음과 같다.

세계 K팝 시장 전체로 봤을 때, 방탄소년단은 고객이 충분히 학습된 상태에서 시장에 진입했으며, 얼리어댑터 팬층(아시아의 청소년 집단)을 타깃으로 집중했기 때문에 캐즘chasm(처음에는 사업이 잘되는 것처럼 보이다가 더 이상 발전하지 못하고 마치 깊은 수렁에 빠지는 것과 같은 심각한 정체 상태에 이르는 현상)을 넘어 성장할 수 있었다. 즉, 방탄소년단을 기점으로 K팝은 성장기를 맞은 것이다. 이것은 과거 K팝 선구자들의 새로운 도전에 방탄소년단의 고객 집중 노력이 더해져 이뤄낸 합작품이다. 거시적 시장의 흐름은 절대 거스를 수 없다. 그 전에는 아무리 노력했다고 해도, 혹은 방탄소년단보다 더 뛰어난 그룹이 세계 시장에 뛰어들었더라도 시장에서 성공할 수는 없었을 것이다.

비즈니스에서 시장을 보는 눈을 갖추는 것은 매우 중요하다. 현대 경영 환경과 같이 세계화·대형화가 진행되고 기술 변화가 매우 심한 상황에서 경영자의 의지와 노력만으로 시장의 흐름을 변화시키고 성공하는 것은 매우 어렵다.

현시대에 가치를 창출하는 비결은 두 가지다. 고객의 요구를 포착해 새로운 제품 및 서비스를 제공하거나(시장을 만들거나), 시장의 흐름을 정확하게 읽고 성장하는 사업에 뛰어들어 시류를 타는 것이다. 전자의 경우 많은 노력과 위험이 따르지만 후자는 상대적으로 안전하다. 방탄소년단의 경우, 후자인 성장하는 시장에 뛰어들어 급물살에 잘 안착한 케이스다.

물론 성장하는 시장에 뛰어들었다고 해서 모두가 성공하는 것은 아니다. 방탄소년단과 비슷한 시기에 많은 쟁쟁한 아이돌 그룹이 해외 시장에 도전했으나 실패했다. 시류를 잘 타는 것도 중요하지만 그 시류에 적합한 상품을 내놓는 것도 큰 과제다. 하지만 일단 사업의 성패가 산업 수명 주기Industry Lifecycle 단계와 매우 밀접한 관계가 있다는 것과 각 단계의 기본 법칙만 알고 있어도 성공 가능성은 크게 높아진다.

이제부터 시장을 이해하는 방법과 그에 따른 방안을 다양한 사례와 원리로써 설명하고자 한다. 현재 속해 있는 시장을 정확히 파악하고 이 장에서 제시하는 법칙대로 경영해 안정적이고 성공적인 결과를 얻는 것을 목표로 한다.

시장의 변화 단계에 따라 성공 요인은 완전히 다르다. 이를 산업 수명 주기라고 칭한다. 산업 수명 주기는 도입 단계, 성장 단계, 성숙 단계, 쇠퇴 단계로 구성된다. 정보통신과 과학기술의 발달로 산업 수명 주기는 갈수록 짧아지고 있으며, 이는 곧 많은 위험과 기회가 공존하고 있음을 뜻한다. 경영자는 각 단계를 정확히 파악하고 적절한 전략을 사용해야 한다.

방탄소년단이 데뷔한 2010년 초의 북미 시장은 도입 단계

산업 수명 주기

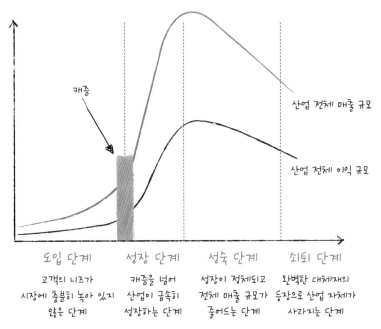

캐즘

산업 전체 매출 규모

산업 전체 이익 규모

도입 단계	성장 단계	성숙 단계	쇠퇴 단계
고객의 니즈가 시장에 충분히 녹아 있지 않은 단계	캐즘을 넘어 산업이 급속히 성장하는 단계	성장이 정체되고 전체 매출 규모가 줄어드는 단계	완벽한 대체재의 등장으로 산업 자체가 사라지는 단계

　의 시장이었다. 도입 단계 시장에는 괜찮은 아이디어와 개성 있는 음악 장르들은 있지만 그 고객층의 규모가 작아 경제적 이익이 크지 않다.

　시장의 폭발이 일어나기 위해서는 대중의 눈높이에 맞는 무난한 상품(완전완비제품)이 나와야 하는데 이 시기의 상품들에는 구조적인 이유로 인해 필수 요소가 하나 이상 빠져 있다. 도입 단계에서 캐즘을 넘어 시장의 성장을 이루기 위해서는 '브

랜드 구축'에 힘쓰고 '임계질량critical mass'을 채우는 것이 중요
하다.

'아묻따 혁신'은 차라리 독이다

방탄소년단은 진정성이라는 음악의 본질을 내세워 현재 상업화
되고 몰개성화된 K팝 시장에 커다란 혁신을 일으킨 영웅으로
묘사되곤 한다. 그러나 방탄소년단이 정말로 솔직함과 진실됨을
앞세워 혁신을 추구했을까?

　언제부턴가 혁신은 그 자체로 신봉의 대상이 되었다. 현대
의 모든 기업은 적극적으로 대부분의 부서에 혁신을 추진하고
있으며 '혁신이 없으면 살아남을 수 없다.'는 강박관념을 가지
고 있다. 하지만 비즈니스를 시작하는 데 있어서 혁신의 필요
성에 대해 냉정히 짚어볼 필요가 있다. 막연히 혁신해야겠다는
고정관념 아래 혁신 방법(신제품 출시, 신사업 진행)을 맹종하고
있지는 않은가?

　대형 기획사같이 여러 번의 실패가 허용되는 조건이라면 다
양한 시도를 할 수 있다. 리스크 분산이 가능한 대기업은 혁신
을 시도할 여력이 있다. 하지만 소규모 기업이 맹목적으로 혁신

을 주장하며 추진하는 신사업은 언제나 대단히 위험하다. 신사업을 시작하고 변화를 도모할 때는 성공보다 실패 사례가 압도적으로 많기 때문이다. 널리 알려진 3,000 대 1의 법칙에서도 알 수 있듯이 3,000개의 아이디어 중에서 상업적으로 성공할 수 있는 것은 단 한 개에 불과하다.

방탄소년단이 시장에 선보인 K팝도 기존의 K팝에서 혁신을 일으킨 것은 아니었다. 오히려 K팝의 혁신성을 의도적으로 줄였다. 그동안 알려진 K팝의 특징을 살리면서도 모난 부분을 제거했다. 북미 음악 시장의 대중의 입맛에 맞게 변형시킨 것이다. 흑인 리듬의 힙합과 EDM(일렉트로닉 댄스음악)을 접목시키면서 대중의 익숙함을 얻는 데 노력했다.

도입 단계의 늪, 캐즘이란 무엇인가

방탄소년단이 데뷔한 2013년 당시는 북미 시장에 대중적인 K팝이 열려 있지 않은 시기였다. 이러한 산업 단계를 도입 단계라고 한다. 도입 단계는 성공할 확률이 낮기 때문에 충분한 조건이 맞지 않으면 가능한 한 진입하지 않는 것이 좋다. 도입 단계에서 성공이 어려운 이유는 성장 단계로 넘어가는 데 거대한 간극인 캐즘이 있기 때문이며 따라서 혁신 사업은 대부분 도입기 시장에 갇혀 있다. 과거 SM이나 JYP 등 대형 기획사처럼 무리하게 많은 자본을 투입해도 도입기 시장에 갇히게 되면 수익성이 낮아져 결국 철수하게 된다. 투자 규모를 늘린다고 해서 문제가 해결되지 않는다. 도입기를 넘기 위해서는 충분한 학습 기간이 불가피하기 때문이다. 실제로 2010년대 초반 북미 시장에서는 K팝을 들어본 사람이 매우 소수이며 K팝을 즐기는 사람은 뜨내기 고객밖에 없었다.

도입 단계에서 캐즘을 넘지 못하고 시장이 축소되는 경우와 쇠퇴 단계에서 매출이 감소하는 것을 혼동할 수 있는데, 이에 대한 가장 정확한 구분 방법은 일반 대중이 사용했는가 여하다. 여기서 일반 대중이란 자신의 필요에 의해서가 아닌, 주변에서 사용하기 때문에 덩달아 사용하는 고객군이다. 도입 단계에서는 이 일반 대중은 반응하지 않고 이노베이터 또는 얼리어댑터 고객만 제품을 찾아 쓰게 된다. 일반적으로 사회에서 비주류로 불리는 장르에 남아 있으며 제품이나 서비스가 양산되지 못하고 높은 가격을 형성하는 경우가 많다.

도입 단계에서 성장 단계로 넘어가는, 즉 캐즘을 넘어서는 타이밍을 인지하는 것은 매우 어렵지만 이 단계만 넘어서면 큰 성공을 가져온다. 그리고 그때의 성공 요인을 실행하는 기업만이 혁신을 현실화할 수 있다. 캐즘을 넘는 기본 조건은 시장이 제품을 받아들일 수 있도록 충분히 무르익어 있을 것과, 대중의 폭발이 일어나도록 임계 규모를 넘어서는 것이다. 이 조건을 충족시킬 경우 캐즘을 넘어 시장의 폭발을 일으켜 급성장할 수 있으나, 그렇지 않을 경우 도입 단계에 머물고 한정된 시장에 갇히게 된다.

캐즘 극복 원칙 ❶
시장이 충분히 달구어질 때를 기다려라

방탄소년단이 본격적으로 해외에 진출하기 이전에는 K팝의 수준이 낮아서 해외 시장에서 통하지 않았던 것일까? 보아, 원더걸스, 빅뱅 등의 음악적 역량은 세계적 수준에 뒤지지 않았으며 퍼포먼스는 당시의 메이저 해외 시장에서도 매우 높은 수준이었다. 단지 고객이 그것을 받아들일 배경 지식이 없었을 뿐이었다. 이와 유사한 비즈니스 사례인 세그웨이Segway에 대해 알아보자.

2010년경, '서서 타는 두 바퀴 전동스쿠터' 세그웨이는 스티브 잡스가 PC 이후 가장 놀라운 발명품이라고 극찬할 만큼 혁신적인 제품이었다. 하지만 이 역시 아직까지 고객에게 널리 받아들여지지는 않았다. 오늘날까지도 여전히 캐즘을 넘지 못하고 도입 단계에 머물러 있다. 세그웨이는 지능적인 메커니즘과 혁신적인 기술 덕분에 출시 당시부터 많은 이의 주목을 받았다. 당연히 이동 수단의 발전에 한 획을 그을 것으로 기대됐다. 그러나 사람들은 서서 타는 스쿠터에 익숙해지지 않았으며, 높은 가격, 배터리 문제, 인프라의 한계 등으로 인해 일부 한정된 고객층에만 팔리는 제품이 되고 말았다.

우리나라의 사례를 살펴보면, 1990년대 초 국내에 처음으로 패밀리레스토랑 개념을 들여온 T.G.I.프라이데이스를 들 수 있다. T.G.I.프라이데이스는 오랜 기간 도입 단계에 머물렀다. 해외에서는 소비자들이 패밀리레스토랑의 개념을 잘 알고 있고 제품과 서비스에 대한 공감대가 형성되어 있는 큰 시장이었지만, 국내에서는 생소한 개념, 이질적인 메뉴, 높은 가격 등의 이유로 일반 대중에게 오랜 기간 외면을 받았다. 따라서 경제력이 있고 모험적 성향이 있는 특정 고객들만 이용했으며, 패밀리레스토랑이 대중화되기는 어려웠다. 그러다 2000년대 초 패밀리레스토랑 시장이 급성장하기 시작했다. 아웃백스테이크하우스, 베니건스 등의 외국 브랜드를 필두로 빕스와 같은 국내 브랜드도 가세하여 패밀리레스토랑의 전성기를 맞이했다. 이러한 성장의 근본적 원인은 무엇일까? 단순히 서비스의 품질이 향상되어서일까?

　도입기를 맞이한 혁신적 신사업은 일반 대중에게 큰 반향을 불러일으키기까지 오랜 기간이 걸린다. 고객은 그 시간 동안의 경험 및 학습을 통해 새로운 제품에 대해 인지하지 않으면 섣불리 먼저 사용하려 하지 않는다. 그래서 기업은 대중이 제품을 받아들일 준비가 될 때까지 꾸준히 제품의 개념을 의식적 또는 무의식적으로 주입할 필요가 있다. 대중적인 인지와 공감대가 형성되면 캐즘을 넘을 준비가 된 것이다. 국내 패밀리레스토랑 시장은 2000년대 초 대중의 공감대가 형성되어 마침내 캐즘을 넘어 시장의 폭발을 가져올 수 있었다.

　비즈니스 관점에서 볼 때, 도입 단계에 뛰어들어 일반 대중 시장으로 성장시키기 위해서는 소위 '전국민 교육비'를 지불해야 한다. K팝 시장도 마찬가지였다. 방탄소년단이 나오기 전에 많은 K팝 뮤지션들이 막대한 교육비를 들여가며 거대한 북미 시장에 K팝 교육을 진행하고 있었다.

　극단적 상황이 아니라면 이러한 도입 단계에는 자원을 소모하지 말고 기다려야 한다. 적절한 때가 오면 성장 단계에 접어들 것이고 그때 자원을 투입해도 늦지 않다. 방탄소년단이 북미 시장에 접근한 타이밍은 도입 단계를 지속하고 있던 시점이었다.

도입 단계에서 준비할 수 있는 것은 브랜드 구축이다. 큰 성장을 목표로 공격적인 경영을 하기보다는 수익성 위주로 브랜드를 구축하고 노하우를 쌓아 진입 장벽을 높이는 것이 현명하다. 방탄소년단은 데뷔 후 3~4년간 작사·작곡 능력을 기르고 안무 실력을 쌓았다. 무엇보다도 이 기간 팬들과의 교감을 꾸준히 하고 친숙한 콘텐츠를 쏟아내며 방탄소년단이라는 브랜드를 견고히 구축했다.

그러면 도입 단계 기간은 얼마나 걸릴까? 이에 대한 정답은 없지만 그동안 나의 경험상 산업별로 편차를 고려해 대략 10년 내외라고 말할 수 있다. "10년이면 강산도 변한다."는 옛말도 있는 것처럼, 결코 짧지 않은 시간이다. 원더걸스나 비의 사례로 봤을 때, K팝 시장이 해외 시장을 본격적으로 진출하기 시작한지도 10년 가까이 되었다. 토머스 쿤Thomas Kuhn의 『과학혁명의 구조』에서 볼 수 있듯이, 인간의 의식구조 변화는 빠르지 않다. 패러다임 전환이 필요하기 때문이다. 산업이 도입 단계에서 성장 단계로 진입하는 것을 한 발 먼저 감지해 성공을 이루려는 시도는 좋지만, 섣불리 도입기 시장에 뛰어들어 거인과 맞서려는 우를 범하지 말아야 한다. 이렇듯 도입기 시장이 충분히 달구어진 타이밍이 방탄소년단이 진입한 시기였다.

캐즘 극복 원칙 ❷
한 마리 토끼만 좇아라

방탄소년단은 아시아 지역 초기 고객에게 오랜 기간 집중하는 전략을 폈다. 온라인으로 꾸준히 소통하며 소수 고객의 마음만을 사로잡기 위해 노력했다. 이러한 초기 고객 집중 전략은 향후에 네트워크를 타고 폭발적으로 전파되는데, 이것은 과거 국내의 '김치냉장고' 사례와 유사하다.

　냉장고 제조회사인 위니아만도(현 대유위니아)는 1990년 후반, 냉장고 사업의 매출을 증대시키는 데 한계를 느끼고 있었다. 가정에서 필요한 식품 냉장 공간이 더 필요하다는 니즈는 분명히 있지만, 한 가정에서 두 대 이상의 냉장고를 두는 것은 당시의 통념과는 맞지 않았다. 따라서 위니아만도는 김치 전용 냉장고를 만들어 판매하기 시작했다. 지금은 김치냉장고라는 개념이 매우 보편적이지만 당시만 해도 '김치 전용 냉장고'라는 콘셉트는 매우 생소했고 극히 일부의 주부들만이 반응했다. 김치냉장고라는 개념을 소비자에게 주입해 공감대를 형성하는 데는 시간이 필요했다. 다양한 홍보와 마케팅 활동들을 펼쳤지만 오랜 기간 사용한 마케팅 비용만큼 매출이 큰 폭으로 오르지는 않았다. 위니아만도는 강남 지역에서 500여 명의 고객평

가단을 모집하고 김치냉장고를 4개월간 무료로 체험해보는 이벤트를 진행했다. 4개월 후 반값에 구매하든지 반품하도록 했는데, 놀랍게도 모든 주부가 구매했다. 이를 계기로 서서히 강남 지역 주부들 사이에서는 김치냉장고가 화젯거리가 되었고 입소문을 타고 김치냉장고의 구매가 급속도로 확산되었다. 강남의 주부들 사이에 인기를 끈 김치냉장고는 차차 다른 지역으로 전파되었으며 결국 전국적인 붐을 이루며 수요층이 급성장하게 되었다.

김치냉장고는 오랜 기간 도입기를 지내면서 서서히 시장에 알려졌지만 좀처럼 구매가 확산되지 않았다. 충분히 시장이 달구어졌지만 확산이 일어날 계기를 마련하지 못한 것이다. 도입기의 이러한 상황에서 확산이 일어날 특별한 계기를 가져오지 못한다면 캐즘을 넘지 못하고 사장되는 경우가 있다. 이때 중요한 점은 캐즘을 넘을 수 있는 임계질량을 채우는 것이다. 성장시장에 돌입하기 위해서는 임계질량을 넘어야 한다. 이 임계질량은 유행을 선도하는 고객군의 크기와 같다.

해외 팝 시장에서 K팝은 오랫동안 도입기를 지냈다. 위 사례와 마찬가지로 마니아들 위주로 서서히 시장에 알려졌지만 좀처럼 히트곡이 나오지는 않았다. 방탄소년단이 캐즘을 넘을 수 있었던 비결은 '아미'를 비롯한 팬덤의 힘으로 임계질량을 넘겼기 때문이다. 임계질량은 단순히 구매 고객의 수가 아니다. 집단 전체의 활동량(구매 고객 수×인당 활동량)을 의미한다. 인터넷에 산재한 엄청난 양의 방탄소년단 콘텐츠에 푹 빠진 이들 소수 그룹은 열성팬으로 발전했다. 유행을 선도하는 강한 네트워크를 가진 이 소수 그룹에 의해 방탄소년단은 큰 화제성을 불러왔다. 초기 열성팬의 입소문을 통해 방탄소년단이 대중에게까지 알려지면서 도입 단계의 얼리어댑터 임계질량을 초과한 것이다.

캐즘 극복 원칙 ❸
'3의 법칙'을 기억하라

3의 법칙이란 집단 동조 현상에 의해 나타나는 법칙이다. 인간은 남을 따라 하는 성향이 있고 그룹에서 소외되는 것을 두려워하는 심리가 있다. 이에 따라 3의 법칙이 나타난다. 자신 주변의 한두 명 만으로는 사람들의 관심을 끌기 어렵지만 세 명이 되면 사람들의 관심을 끌고 행동을 변화시킬 수 있다. 어느 사교 집단에서 방탄소년단을 좋아하는 친구가 세 명을 넘는 순간 그 집단은 모두가 방탄소년단의 팬이 되게 된다. 세 명의 사람이 필요한 이유는 인간이 집단이라고 인식하는 최소의 숫자이기 때문이다. 도입 시장에서 성장 시장으로 넘어가기 위해서는 고객 주변의 세 명이 필요하다. 김치냉장고 사례에서 볼 수 있듯이 아줌마 집단에서 세 명이 사용하면 그 집단은 모두 사용하는 현상이 발생한다. 이런 방식으로 소속 집단 간 도미노처럼 전체 고객에게 유행이 전파된다. 따라서 집단에 집중적으로 유행을 일으키는 것이 중요하다. 유행이 시작하는 데 필요한 최소한의 고객 활동이 임계질량이다. 하나의 무리에서는 '3'이 임계질량인 것이다.

도입 단계를 겪고 있는 대부분의 테크 산업에서는 사업 초반에 단기간 많은 사용자를 유치하는 것이 중요하다. 그러기 위해서는 초기에 충분히 물을 붓는 것이 필요요하다.

오늘날의 온라인 플랫폼이나 커뮤니티는 공감대(신뢰) 형성과 함께 규모가 성장한다. 특히 방탄소년단의 팬클럽 같은 커뮤니티는 재편집 콘텐츠 생성과 활발한 토론이 일어나면서 자발적 시너지가 일어난다. 커뮤니티에서 활동량은 여러 고객에 의해 동시에 움직이는 습성이 있다. 서로가 동질감을 갖고 공감대를 형성하면 활동량이 급격하게 증가하고 그렇지 않을 경우 조직이 와해된다.

초기 네트워크 확장이 일어나고 커뮤니티 안에서 활동량이 증가하면, 가격은 낮아지고 품질은 높아지는 선순환 궤도에 오르게 된다. 결국 팬클럽 같은 커뮤니티에서는 초기에 상품을 경험시켜 임계질량의 고객을 확보하는 것, 그리고 그 안에서 끈끈하게 동질감을 갖고 활동량을 늘리도록 하는 것, 이 두 가지가 중요하다.

　도입기의 딜레마는 경영자를 고민에 빠지게 한다. 사업 초기에는 경험 축적이 늦어 품질은 낮고 원가는 높을 수밖에 없는데, 무리해서라도 임계질량을 채우면서 활동량을 끌어올려야 하기 때문이다. 소규모 기업의 입장에서는 많은 고객을 단기간에 유치하고 경험시키는 대규모 투자를 선뜻 실행하기 어렵다. 이를 해결하기 위해 타깃 고객군 규모를 최대한 작게 가져가는 전략이 필요한데 이는 다음 장의 타기팅에서 설명하도록 한다.

Summary ❶
세계 정복의 타이밍

● 제품을 부담 없이 받아들이기 위해서는 고객의 인식이 자리 잡고 있어야 하며 시장이 충분히 달구어져 있어야 한다.

● 과거 10여 년 동안 K팝은 꾸준히 외국에 소개되었다. 방탄소년단은 K팝이 세계 시장에서 무르익은 시점에 진입해 성장 흐름을 타게 되었다.

● 비즈니스에서 시장을 보는 눈을 갖추는 것은 최우선이다. 현대 경영 환경과 같이 세계화·대형화가 진행되고 기술 변화가 매우 심한 상황에서 경영자의 의지와 노력으로 시장의 흐름을 변화시키고 성공하는 것은 매우 어렵다.

● 산업 수명 주기는 도입 단계, 성장 단계, 성숙 단계, 쇠퇴 단계로 구성된다. 정보통신과 과학기술의 발달로 산업 수명 주기는 갈수록 짧아지고 있으며, 이는 곧 많은 위험과 기회가 공존하고 있음을 뜻한다.

● 도입 단계에서 성장 단계로 넘어가는 중간에는 수요가 정체되는 시기인 캐즘이 존재한다. 캐즘에 갇혔을 때 기본적으로 고객은 학습 시간을 필요로 한다.

● 캐즘을 넘어 성공을 이루기 위해서는 첫째, 시장이 충분히 달구어질 때까지 기다리면서 브랜드 구축에 힘써야 하고 둘째, 임계질량을 넘을 수 있도록 초기 고객에 집중해야 한다.

타기팅
1퍼센트의 고객에 집중하라

방탄소년단은 오늘날 청춘들이 고민하는 이야기로 노래를 만든다. 특히 어려움을 겪는 계층이나 소외된 약자를 위한 메시지를 주로 전달한다. 〈페이크 러브〉의 가사를 보면, "이뤄지지 않는 꿈속에서 피울 수 없는 꽃을 키웠어."라며 청춘의 불안함을 이야기하고, 〈낙원〉에서는 "멈춰서도 괜찮아, 아무 이유도 모르는 채 달릴 필요 없어. 꿈이 없어도 괜찮아. 잠시 행복을 느낄 네 순간들이 있다면."처럼 위로를 담은 가사를 전한다. 이러한 메시지들과 함께 약자의 편에 서서 팬들과 교감한다.

방탄소년단은 세월호 유가족들에게 1억 원을 기부하고, 유니세프와 손잡고 아동·청소년 폭력 근절 캠페인을 펼치는 등 다양한 사회 기부 활동을 한다. 또한 리더 RM은 동성애를 주제로 한 맥클모어&라이언 루이스Macklemore & Ryan Lewis의 노래 〈세임 러브Same Love〉나 커밍아웃한 가수 트로이 시반Troye Sivan의 노래 〈딸기와 담배Strawberries & Cigarettes〉를 SNS에서 언급하기도 하며 이를 감싸주는 제스처를 취했다.

미국 대중음악 전문지 「롤링스톤」은 '방탄소년단은 어떻게 K팝의 금기를 깼나'라는 칼럼에서 "한국에서 팝스타와 정치는 좀처럼 섞이지 않고, 대다수 아이돌 그룹은 앨범의 성공을 위해 정치와 무관한 길을 걷는다. 그러나 방탄소년단은 관습에 저항했고, 데뷔 때부터 부조리한 사회, 성소수자의 권리, 성공에 대한 압박 등 한국 사회의 모든 금기를 노래했다."고 분석했다.

방탄소년단은 사회적 약자를 감싸주고 그들을 위해 최선을 다한다. 의도적이든 의도치 않았든 명백하게 사회적 약자를 메인 타깃으로 한 것이다. 비나 원더걸스 등 과거의 K팝 스타들은 북미 시장에 진출할 때 주류 고객을 메인 타깃으로 정조준했다. 충분한 자금력도 있고 실력에도 자신이 있었기 때문이다. 그러나 모두 실패했다. 방탄소년단과 기존의 K팝 뮤지션들을 구분 짓는 차이는 오직 타기팅에서 판가름이 났다고 해도 과언이 아니다.

마케팅 전문가인 재키 휴바Jackie Huba는 『몬스터 로열티Monster

Loyalty』라는 책을 통해 레이디 가가는 열성적인 1퍼센트에 집중해 성공했다고 설명했다. 레이디 가가는 자신이 아웃사이더이자, '왕따'였음을 고백했다. 그녀는 자신과 같은 경험을 가진 아웃사이더를 대변하면서 핵심적인 지지 기반을 구축해나갔다. 그러자 똑같은 상황에 처한 10대들이 그를 지지하기 시작했다. 레이디 가가는 기금을 내서 집단 따돌림 치료에 나섰고, 학교폭력에 반대하며 10대 자살 방지 캠페인을 펼쳤다. 이와 함께 20대로 지지층을 넓히기 위해 성소수자를 후원했다.

레이디 가가의 팬클럽 이름은 '리틀 몬스터'로 사회에서 괴물 취급을 받거나 배척당하던 이들이라는 의미다. 레이디 가가는 '마마 몬스터'라고 불리는데, 리틀 몬스터의 보호자라는 뜻이다. 마마 몬스터가 사회적인 영향력을 발휘할수록, 리틀 몬스터들은 더 단단하게 집결했다. 이렇듯 레이디 가가의 팬들은 강력한 지지 기반이 되었으며 사회적 파장을 일으키는 원동력이 되었다.

방탄소년단은 레이디 가가와 유사한 타기팅 전략을 펼치고 있다. 레이디 가가는 청소년 집단 내에서 따돌림 당하는 아웃사이더를 타기팅했으며, 방탄소년단은 아시아 계통의 사회적 소수 집단을 타기팅했다. 레이디 가가나 방탄소년단의 팬처럼 비주류 집단은 공통적인 특징을 가지고 있다. 서로 이해해주기를 바라는 공감대에 목말라한다는 점과 그들 안에 강력한 네트워크를 가지고 있다는 점이다.

최근 이러한 사회적 약자의 목소리는 점점 커지고 있으며, 정치적·사회적 관심과 우호적인 시선이 증가하고 있다. 그런 이유로 레이디 가가와 방탄소년단은 현재 사회 문화적으로 많은 관심을 받고 있다.

그렇다면 이러한 폐쇄적 집단의 지지는 장기적으로 긍정적인 결과를 가져올까 부정적인 결과를 가져올까? 특정 집단의 팬덤이 시장 전체로 넓게 퍼져나갈 수 있을까? 좁은 시장에 갇히는 것은 아닐까? 이에 대해 네트워크 마케팅의 원리를 접목해 이해해보자.

타기팅하지 않은 마케팅은 언제나 틀린 것이다

많은 경영자들이 타기팅이란 '타깃이 아닌 고객은 포기하는 것'이라고 오해한다. 타기팅하면 많은 고객을 놓칠 것이라며 불안해한다. 하지만 실상은 정반대다. 타기팅하지 않으면 모든 고객을 놓치게 된다. 식당을 운영하는 경영자가 이 고객 저 고객 모두의 요구를 만족시키려다 보면 인테리어는 가족 고객, 맛은 학생, 가격은 직장인에게 맞춰져 누구에게도 맞지 않는 애매한 결과가 나오게 되고 고객은 그 식당을 찾지 않게 된다. 과거 공급이 부족한 소도시의 경우에는, 남녀노소 다양한 고객이 하나의 식당을 이용할 수밖에 없으니 타기팅을 필요로 하지 않았지만, 공급이 늘어나고 도시화된 현재에는 타기팅을 정교하게 해서 타깃 고객에게만 최적의 제품과 서비스를 제공하는 기업만이 살아남고 있다.

대부분의 기업이 소위 "좋은 게 좋은 거다."라고 생각하고 무조건 많은 고객을 타깃으로 한다. 하지만 모든 고객에게 제품을 팔려고 하는 순간 기업은 헤어나올 수 없는 늪으로 빠져든다.

2000년대 초반, 대형 기획사들은 보아, 비, 원더걸스 등 K팝 스타를 앞세워 거대한 미국 시장에 진출하려 했다. 이때의 전략이란 미국 팝 시장의 메인 고객을 타깃으로 하여 물량으로 승부하는 것이었다. 거대한 규모의 시장이니 K팝 스타의 실력이면 그 시장의 최소 1퍼센트라도 차지할 수 있다고 판단했고, 그 정도면 투자 대비 괜찮은 수익을 올리는 매력적인 장사라고 믿었다. 따라서 주류를 이루는 북미 일반 대중을 대상으로 대대적인 마케팅을 펼치고 내로라하는 TV 프로그램에 출연하는 등 전방위적 공습을 가했다. 그러나 결과적으로 이 모든 노력은 실패로 돌아갔다. 어설프게 뜨내기 고객들이 K팝에 관심을 가지는 정도였지 주류를 이루는 보수적인 미국 고객들은 생소한 K팝에 관심조차 갖지 않았다.

이와 비슷한 여러 가지 비즈니스 사례가 있다. 대형 오토바이를 전문으로 생산하던 할리데이비슨은 레저용품 제작사인 AMF와 합병 후 소형 모터사이클 개발에 주력해 대형 오토바이부터 소형 오토바이를 아우르는 전체 시장을 장악하려 했다. 하지만 오히려 1970년대 시장 점유율이 25퍼센트까지 떨어지고 말았다. 국내에서는 이랜드 SPA 브랜드 스파오SPAO가 2011년 '올 제너레이션All generation'이라는 슬로건과 함께 모두에게 잘 팔리는 브랜드를 만들고자 했으나 여성 의류에서 참패를 경험한 사례가 있다. 이렇듯 남녀노소 모두에게 많이 팔겠다는 전략은 최근의 시장에서 성공한 전례가 없다.

대부분의 스타트업 기업들은 신사업을 시작할 때 두루뭉술하게 타기팅을 정의하고 만다. 그러고는 '무수한 사람들 중 누군가 내 상품과 서비스를 사주겠지.'라며 막연하게 기대한다. 되도록 많은 사람들이 사용해주길 바라며 최대한 많은 기능을 첨가하려 한다. 하지만 타기팅은 구체적일수록 좋다. 신사업의 대상이 되는 타깃 고객을 할 수 있는 한 구체적으로 정의하고,

실제 인물을 주변에서 찾을 수 있어야 한다. 그 제품을 구매할 만한 당사자의 실명을 댈 수 있어야 한다. '타깃 고객층을 정의하면 됐지 실명까지 찾아야 하는 것은 과한 거 아닌가.'라고 의문을 가질 수 있다. 그러나 제품을 구매할 만한 실제 인물을 찾지 못한다면 그 상품이 실패할 확률은 두 배로 높아진다. 이는 현실에서의 수요가 아닌 가상 세계에서의 수요를 좇고 있기 때문에 '팔리는' 구체적 상품을 만들기 어렵기 때문이다.

모든 사람을 고객으로 둘 때도 타기팅이 필요하다. 제품 설계에서도 타기팅의 원칙이 적용되는데, 항공기 좌석의 모니터 메뉴를 설계할 때 타깃 대상은 '60대의 은퇴한 육체노동자'라고 한다. 이 고객이 항공기 주요 고객도 아닌데 어째서일까? 그것은 젊은 고학력 고객이 생소한 전자기기를 쉽게 적응해 자유자재로 사용하는 데 반해, '60대의 은퇴한 육체노동자'는 전자기기에 가장 적응력이 떨어지기 때문이다. 그처럼 서툰 고객도 사용할 수 있을 정도로 메뉴를 설계하면 모든 고객이 편리하게 쓸 수 있다. 그래서 타기팅의 본질적 의미는 '모든 사람에게 팔 수 있도록 하는 것'에 있다.

그렇다면 마케팅에서 타깃 고객을 정하는 원칙은 무엇일까?

고객을 도미노처럼 쓰러뜨려라

스타벅스는 1990년대 아늑하고 여유로운 휴식을 제공하는 개성 있는 고급 커피전문점 콘셉트로 지금의 카페 시장을 열었다. 스타벅스는 눈부시게 성장해 론칭 30년 만에 세계 31개국 7,000여 개로 불어났다. 이러한 스타벅스도 정교한 타기팅으로 성공할 수 있었다.

스타벅스는 젊고 트렌디한 고객을 타기팅해 인테리어와 제품을 구성했다. 진입 초기 국내에서는 커피 한 잔에 4,000~5,000원으로 책정한 외국 기업을 비난하면서 반대 여론이 많았다. 하지만 처음에는 얼리어댑터인 젊은 여성 고객만 이용하더니 점차 유행이 퍼지고 지금은 모두가 거부감 없이 이용하며 대중화되었다. 도미노처럼 고객들에게 전파된 것이다. 만약 스타벅스가 처음부터 대학생, 직장인, 주부, 노인을 모두 타기팅해서 공간을 구성했으면 어떻게 되었을까? 아마도 모두에게 만족스럽지 못한 어중간한 매장이 나왔으며 유행이 되지 못했을 것이다.

도미노를 쓰러뜨릴 때 맨 뒤를 쓰러뜨리는 사람은 없다. 당연히 맨 앞의 도미노 칩 하나만 쓰러뜨리면 맨 뒤까지 쓰러진다. 마케팅도 이와 마찬가지다. 고객이라는 도미노는 절대 뒤에서 앞으로 넘어가지 않는다. 맨 앞의 고객을 쓰러뜨려야 마지막 고객까지 넘어간다. 인간은 사회적 동물로서 많은 관계를 맺고 있다. 주변 사람들의 영향을 받지 않고 나의 의지로만 제품을 구매하는 경우는 없다고 해도 과언이 아니다. 특히 현대와 같이 정보통신과 소셜 네트워크 서비스가 발달한 경우에는 의식적이든 아니든 주변의 영향으로 인해 구매를 일으키게 된다. 오늘날 네트워크 효과를 고려하지 않고 마케팅하는 것은 심각한 자원 낭비다. 기업은 네트워크 마케팅을 기반으로 타기팅을 수행해 최소 자원으로 최대 효과를 얻는 것을 목표로 해야 한다.

방탄소년단이 처음 타깃으로 한 고객은 청소년층이다. 산업마다 도미노의 첫 블록을 구성하는 고객층이 각각 다른데, 패션·문화에서는 주로 청소년이 그 역할을 한다. 방탄소년단의 음악을 가장 먼저 접하고 콘텐츠에 빠진, 도미노의 맨 앞에 있는 칩은 청소년층이었다. 그런 청소년 중에서도 주로 동남아시아 지역 청소년층이 열성 팬이었다. 이들은 규모는 작지만 응집력은 매우 크다.

도미노를 넘어뜨리기 위한 맨 앞의 도미노 고객 집단의 규모는 매우 중요하다. 앞서 살펴본 시장을 달구기 위한 임계질량의 크기는 상황 및 전략에 따라 다르게 측정된다. 집단 간 도미노 현상에서 볼 수 있듯이 하나의 응집력 강한 고객군집으로부터 유행을 시작하는 것이 상대적으로 용이하다. 즉, 이럴 경우 임계질량이 작다. 반면 전국민을 대상으로 넓은 범위에 유행을 일으키려 시도한다면 타깃 고객군이 분산되어 유행이 일어나기 힘들다. 즉, 임계질량이 너무 커진다. 대부분의 유행은 응집력이 강하고 선망의 대상이 되는 고객 그룹으로부터 시작되었다.

페이스북은 응집력이 강하고 선망의 대상이 되는 하버드 대학교의 사내 소셜 네트워크에서부터 유행이 시작되어 파급되기 시작했다. 초기 페이스북은 하버드 대학교 학생들이 서로의 정보를 교류하고 소통하는 공간을 마련했을 뿐이다. 그런데 폐쇄된 네트워크 내에서 응집력 있게 모여 활동을 하더니 그 열기가 넘쳐 외부로 전파되었다. 하버드 대학교를 중심으로 이를 선망하는 다른 학교들에 파급시켰으며, 그 이후에는 전 세계적으로 퍼져나가는 선순환 궤도에 오르는 데 성공했다.

이렇듯 선순환 궤도에 오르기 위해서는 임계질량에 도달해야 하는데, 이때 사회적 관심의 집중을 위해 소셜 네트워크 사용자들과 주변 지인들이 일정 규모 이상 사용해야 한다. 그러기 위해서는 폐쇄적 집단, 파급력 있는 집단을 공략하는 것이 투자 효과가 좋다.

"틈새시장을 잡아야 한다, 마니아를 타깃으로 해야 한다."
엔터테인먼트 산업에 종사하는 사람들이 많이 쓰는 말이다.

마니아를 타깃으로 해서 마케팅하면 실제 매출이 폭발적으로 성장할까? 실제로 방탄소년단은 데뷔 초반 케이블TV 프로그램 〈쇼미더머니〉 등의 인기로 인해 정통 힙합이 엔터테인먼트 시장의 대세로 떠오를 것으로 믿었기에 업계의 블루오션이라고 명명했던 힙합 고객을 타깃으로 하는 활동을 펼쳤다. 초기에는 힙합 분위기를 타고 호응을 얻으며 성장하는 듯 했지만 유행은 이내 사그라들었다. 결과적으로 투자 대비 효익은 낮았으며 마니아적 강한 콘셉트에 대한 회의감이 일어났다. 실제로 유행 지난 콘셉트로 성공하는 그룹도 있는 반면 마니아를 타깃으로 하고 실패하는 그룹들도 넘쳐난다.

중요한 것은 고객의 역학 관계를 이해하는 것이다. 과도한 저항 정신과 폭력성 짙은 힙합 음악은 일부 청소년들과 힙합 마니아에게 호응을 얻을 수 있으나, 대중 전반으로 전파되기에는 고객 특성상 화제성 전파가 어렵거나 잠재 시장이 너무 작다. 따라서 더 이상의 고객 확장이 일어나지 못하고 거기서 사업 고객 규모가 멈출 수 있다.

열 손가락 깨물어 안 아픈 손가락도 있다. 고객이라고 모두 똑같은 고객으로 보면 안 된다. 엄지손가락은 엄지손가락대로, 새끼손가락은 새끼손가락대로 각 손가락을 자극하는 방안을 달리 세워 마케팅을 수행해야 하며 영향력이 전파되는 순서에 따라 공략해야 한다. 무작정 공식처럼 얼리어댑터만 공략하는 것도 능사는 아니다. 또한 얼리어댑터의 경우 유행 대중 고객 또는 보수 고객과 다르기 때문에 마케팅 방식을 다르게 접근할 필요가 있다.

사람들이 시장에 나온 제품을 수용하는 단계를 나타내는 '고객 제품 수용 주기'라는 전략적 도구가 있다. 이제부터는 신제품을 가장 먼저 구매해서 사용하는 이노베이터나 얼리어댑터부터 늦게 제품을 사용하는 보수 대중 고객까지, 고객의 제품 수용 주기에 대해 명확히 이해하고 사례를 통해 매출을 폭발적으로 성장시키는 방법을 알아보자.

사람은 누구나 '따라쟁이'다

사회적 메인 집단과 사회적 소수 집단의 차이는 무엇일까? 그것은 얼마나 강한 유대감이 있느냐, 나아가 얼마나 모방하느냐의 차이다. 인간은 사회적 동물이며 사회적 의사 결정을 한다. 함께 살아가는 인간이 다른 사람의 영향을 전혀 안 받을 수 있을까? 사회적 동물에게 소속감은 매우 중요하다. 소속감을 자극하지 않고는 유행을 전파하기 매우 어렵다. 특히 아이돌 문화와 같

소수 집단과 메인 집단의 유대감 차이

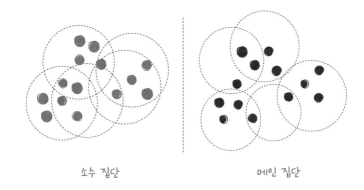

소수 집단   메인 집단

은 화제성 있는 성격의 경우 이러한 인간의 사회적 속성을 활용한 마케팅은 강력하다.

일반적으로 메인 집단이라고 불리는 대중 집단 고객층은 대부분 독립적으로 생활하며 유대 관계에 큰 관심이 없다. 대도시의 부유층을 예로 들어보자. 고층 아파트에 모여 살지만 그들은 다른 사람의 생활에 관심이 없다. 심지어 옆집에 살아도 인사조차 하지 않으며 서로 알고 싶어 하지 않는다. 대도시에 모여 살지만 출신지, 배경, 학력 등이 천차만별로 다르며 공감대도 갖지 않는다. 특정한 유행이 있더라도 서로 관심이 없기 때문에 크게 영향받지 않는다.

반면, 방탄소년단의 팬덤을 이루고 있는 사회적 소수 집단을 보자. 이들은 강한 유대 관계를 가지고 있으며 끈끈하게 얽혀 있다. 서로의 어려움을 알고 있으며 아픔에 공감할 줄 안다. 소도시의 주민들은 모두가 서로 알고 있으며 무슨 일이 있다면 그 소문이 삽시간에 퍼져나간다. 서로를 너무 잘 안다는 단점도 있지만 서로 힘들 때 기댈 수 있는 하나의 사회를 이루며 산다. 서로 영향력을 주고받으며 유행이 돌면 모든 구성원이 그 유행에 동참한다.

　네트워크 관점에서는 소수 집단을 타깃으로 하는 것이 무조건 유리하다. 메인 집단에서 먼저 유행이 시작된 사례는 존재하지 않는다. 사회적 힘을 일으키는 원천은 언제나 소수 집단이다. 소수 집단에서 출발한 나비효과가 거대한 시장의 흐름으로 나타난다.

뉴발란스의 1퍼센트 타기팅:
연예인 이름값 뛰어넘은 여고생의 힘

이와 비슷한 한 사례를 소개한다. 스포츠웨어 브랜드 뉴발란스 New Balance는 소속감이 강한 청소년 집단에서 유행이 폭발해 전국으로 퍼져나간 사례다. 뉴발란스의 초기 고객은 방탄소년단의 팬들과 매우 유사하다.

뉴발란스는 이랜드 그룹의 주력 패션 브랜드다. 1990년대 후반 흰색 운동화로 반짝 인기를 모았지만 폭발적인 성장을 거두지 못했고 아울렛에서 할인을 통해 저렴하게 판매하던 비인기 브랜드였다. 하지만 2009년을 기점으로 매출이 급성장했고 지금은 국내에서 나이키, 아디다스와 어깨를 나란히 할 정도로 성장했다. 이후 10년 넘게 승승장구하고 있는데 뉴발란스가 성공하게 된 계기는 무엇일까?

뉴발란스는 유행 선도 소수 집단을 정확히 타기팅했으며 그것이 유행의 시발점이 되었다. 인천 부평의 소위 잘 노는 여고생들이 그 타깃이었다. 뉴발란스는 부평 여고생 사이에 필수품이 되며 소속감의 아이콘이 되었다.

왜 하필 '여고생'일까? 우리나라 고등학생에게 소속감은 그 무엇보다 중요하다. '저 친구들은 하고 있는데 나는 안 하고 있네.'라는 생각이 들면 친구들 집단에서 멀어진 것 같아 밤잠을 실친다. 친구들이 하고 있는 것이 예쁘고 좋아 보이고, 나도 해야만 한다. 그렇다면 왜 '잘 노는' 여고생일까? 고등학생들에게 반항적이고 불량스러운 학생은 선망의 대상이다. 사회적으로는 반항적 고등학생들이 비난의 대상이 될지 몰라도 고등학생들 사이에서는 좀 노는 집단, 소위 '잘 나가는' 집단에 속하기를 갈망한다. 반항적 여고생 집단이 뉴발란스를 신기 시작하자 그들을 동경하는 일반 여고생들이 가장 먼저 알아채고 뉴발란스를 따라 신기 시작했다.

그렇다면 어째서 '부평'일까? 부평은 지역색이 강하고 구성원 간의 관계가 강하다. 대도시는 아니지만 자부심도 있고 박탈감도 있다. 부평에서 태어나 자라온 사람들끼리는 한 다리만 건너면 다 안다. 즉, 부평 내에서는 정보 전달이 무척 빠르며 집단 내에서 유행이 생성되고 전파되는 속도가 매우 빠르다. 이렇듯 집단 간 관계가 끈끈하고 어느 정도 고립된 '부평'에서 뉴발란스의 유행은 시작되었다. 결론적으로 '부평의 반항적 여고생' 집단은 패션 유행의 출발점으로 이상적인 집단이었던 것이다.

고객 제품 수용 주기 관점에서 자세히 보면, 뉴발란스는 유행을 선도하고 파급력 있는 유행 선도 고객군을 타기팅해 전국적인 유행을 몰고 온 것을 알 수 있다. 일부 전문가들은 당시 '이효리 신발'이라는 입소문 프로모션으로 뉴발란스가 성장했다고 하는데 이는 매우 편협한 시각이다. 유명 연예인이 착용한 아이템 중 실패한 아이템들이 무수히 많기 때문이다. 왜 실패했을까? 예쁘지 않아서? 디자인이 세련되지 않아서? 예쁘지 않고 디자인이 세련되지 않은 제품들을 연예인들이 사용할 리 만무하다. 고객 수용 주기 관점에서 유행을 분석하면 네트워크 현상을 명확히 이해할 수 있다.

유행은 비주류에서 시작한다

이러한 현상을 통해 방탄소년단의 타기팅을 되돌아보자. 방탄소년단이 콘셉트의 변화를 겪고 공략한 메인 타깃은 아시아 지역의 청소년, 그중에도 주로 여성이다. 현대에 들어와 대부분의 청소년은 기성세대에 억눌려 사회적으로 소외된 세대다. 기성세대의 거대한 세계 경제 팽창의 조류를 함께해본 적이 없고, 가난에서 벗어나 직접 손으로 물질적·경제적 성장을 일궈본 경험이 없다. 따라서 기성세대의 눈으로 보기에는 많은 청소년들이 유약하고 꿈이 없으며, 강한 추진력이나 의욕도 없는 것으로 비친다.

그러나 이들 고객층은 가슴속에 강한 꿈을 품고 있으며 기성세대에 대항해 강력한 유대 관계를 갖고 있다. 이러한 유대 관계는 범국가적으로 확산된다. 인터넷의 발달과 SNS의 활성화로 인해 국경과 인종을 초월해 강력한 네트워크를 형성하게 되었으며 동남아시아 지역에서는 국가에 관계없이 강하게 뭉칠 수 있었다. 그리고 그 중심에는 문화적 구심점이 되는 방탄소년단을 비롯한 아이돌이 있었다. 팬클럽인 아미를 보면, 수평적 관계를 지향하며 공감대를 형성해 강한 유대 관계를 드러낸다. 세계 경제의 저성장과 기성세대의 텃세가 오히려 이들이 강력하게 뭉치고자 하는 열망에 불을 질렀다.

시장이 폭발하기 위해서는 초기 대중 고객군의 가장 앞 단에 있는 유행 선도 그룹을 공략해야 한다. 대중은 그들을 따라 하기 때문이다. 유행 선도 그룹이 반응하면 캐즘을 넘어 성장 단계로 진입할 수 있다.

그러면 방탄소년단처럼 아시아의 소규모 집단을 오랫동안 타깃으로 한다면 반드시 성공할까? 과거에도 블락비 등 중소 기획사의 아이돌 그룹은 방탄소년단처럼 아시아 시장을 집중 공략했다. 동방신기나 빅뱅 또한 아시아 지역의 얼리어댑터들에게 큰 인기를 끌었다. 그러나 이 당시에는 유행 선도 고객들에게 어필하지 못해 대중 시장의 폭발이 일어나지 않았다. 그 이유는 첫 번째로 시장이 충분히 달구어지지 않아 유행 대중이 따라 하지 않았으며, 두 번째로 기존의 K팝 스타들은 수익성을 이유로 방탄소년단처럼 꾸준히 팬들과 진심으로 소통하거나 신뢰를 얻지 못했기 때문이다. 이렇듯 성공 요인은 모든 조건이 동시에 만족되어야 시장의 폭발이 일어난다.

시장이 무르익었을 때 방탄소년단의 노력에 유행 선도 고객(동남아시아 지역의 유행 선도 여고생)들이 반응해 너도나도 따라 방탄소년단의 팬을 자처하면서 폭발적으로 성장했다. 이후 K팝에 관심 없던 보수 고객 또한 이러한 유행에 이끌려 방탄소년단의 음악과 비디오를 즐기게 되었다.

사회를 이루고 사는 사람은 누구나 남에게 영향을 받게 되고, 따라 하는 경향을 갖게 된다. 사람들이 타인을 '따라 하는' 근본 원인은 무엇일까? 그것은 사회적 동경 심리, 집단 소속 경향, 그리고 정보 수집의 한계다. 유행에 민감한 고객은 유명인이나 영웅을 동경한다. 여건이 되는 범위 내에서 그들을 따라 하는데, 이를 사회적 동경 심리라고 한다. 그리고 초기 대중 고객은 유행에 민감한 고객군을 동경하면서도 그들과 소속감을 유지하고 싶어 한다. 따라서 그들의 구매를 따라 하며 안심하는데 이를 집단 소속 경향이라 한다. 후기 대중 고객은 초기 대중 고객과 소속감을 유지하고 싶지만 구매하는 제품에 대한 모든 정보를 알 수도 없고 시간도 없다. 따라서 유행하는 제품을 믿고 따라 사게 되는데 이를 정보 수집의 한계라 한다.

이것은 마케팅하는 사람이라면 꼭 알아야 하는 핵심 개념이다. 이를 고객의 제품 수용 주기 프레임 워크로 설명하도록 해보자.

방탄소년단이 고객을 분류한다면?

방탄소년단의 기반이 되는 아시아 지역의 청소년 팬덤은 강한 결속력을 바탕으로 유럽, 미주 지역에 있는 동종 집단에까지 영향력을 확대한다. 미국으로 이민을 간 사람들이나 유학을 하는 아시아 청소년들 역시 미국 사회에서는 비주류 소수 집단이다. 이들은 눈에 보이지 않는 차별과 따돌림을 당하고 있었기에 방탄소년단의 문화가 쉽게 전파될 수 있었다.

제품은 고객 수용 주기를 따라 확산된다(83쪽 그림 참조). 이는 앞서 설명한 '따라 하는' 순서다. 영향력을 확대하는 순서는 언제나 정해져 있으며 그러한 순서는 절대 역행하지 않는다. 수용 단계별 고객군에 따라 마케팅은 완전히 달라진다. 같은 돈을 내고 같은 제품을 구매했다고 모두 같은 고객이 아니다. 마케팅 전문가의 역량은 여기서 출발한다. 일반적으로 마케팅 부서에서는 나이 많은 고객, 여성 고객, 돈 많은 고객 등 표면적·인구통계학적 시각으로 고객을 바라보기도 하는데 이는 낮은 수준의 고객 분류다. 과거에는 이러한 분류도 어느 정도 효과를 발휘했으나, 현대에는 인구통계학과 구매 성향의 괴리가 커졌다. 나이, 성별, 경제력과 구매 상품 간의 연관 관계가 매우 낮은 지금 시대에는 표면적 분류는 더 이상 활용 가치가 없다.

제품 수용 주기에 따른 고객 분류

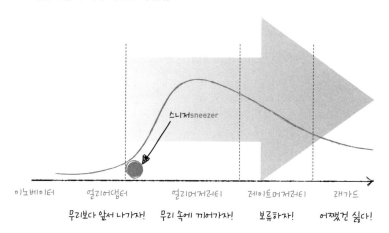

제품이 출시되면 이노베이터Innovator ➡ 얼리어댑터Early Adopter ➡ 얼리머저러티Early Majority ➡ 레이트머저러티Late Majority ➡ 래가드Laggard로 이어지면서 사람들에게 사용된다.

고객 분석의 목적은 제품을 파는 것이며 제품을 팔기 위해서는 고객이 제품을 사는 이유를 찾아 해결해주면 된다. 나이, 성별, 경제력 등이 이유가 아니라 고객의 성향, 행동으로 보이는 핵심 이유를 파악해야 한다.

고객의 성향과 행동 특징의 하나인 제품 수용 주기에 따른 고객 분류를 살펴보기로 하자.

이노베이터란 신제품은 무조건 사용해보는 고객이다. 이 고객군은 제품이 나오면 가치에 무관하게 먼저 시도해보고 남에게 과시하거나 철저히 분석하는 것을 좋아한다. K팝 아이돌이 새로 데뷔하면 일단 관심을 갖고, 듣고, 사람들에게 소개하는 고객이 이노베이터다. 정통 힙합 콘셉트의 방탄소년단에 반응한 고객군은 여기에 속한다. 게임의 베타테스터가 이와 같은 고객군으로 볼 수 있으며, 임상실험의 환자도 이와 같은 맥락으로 볼 수 있다. 주로 극단적인 니즈가 있는(불치병이 걸렸거나 지푸라기라도 잡는 심정) 고객군에서 이노베이터의 성향이 나타날 수 있다. 이들은 도입기 최초에 반응하는 고객군으로 일회성이며 언제나 새로운 아이돌 그룹을 찾아다니기 때문에 충성도는 낮다.

얼리어댑터는 자신이 관심 있는 제품을 소신껏 경험 및 가치 기준으로 사용하는 고객군이다. 이 고객군은 가격에 둔감하며 자신에게 가치가 있다고 판단되면 바로 구매한다. 주로 경제력 있고 진보적인 성향을 가진 트렌드 세터들이 많으며 미디어에 노출되는 유명인사들도 많이 포함되어 있다. 방탄소년단 데뷔 초기 2~3년간 그들의 음악에 공감하고 꾸준히 음원을 구매하고 팬 활동을 하던 이들이 여기에 속한다. 주로 품질 좋은 음악에 민감하게 반응하지만 자신의 주관에 따라 비주류 음악도 거리낌 없이 사용하는 부류다. 얼리어댑터는 '경험'이 가장 큰 의사 결정 요소로 작용한다. 과거 슈니발렌(독일의 전통 과자, 망치로 부숴먹는 재미가 있다)과 같은 프리미엄 디저트가 처음 백화점에 입점했을 때 얼리어댑터들이 슈니발렌에 열광했던 이유도 '새로운 디저트에 대한 경험' 때문이었다.

얼리머저러티는 초기 유행에 민감하게 반응하는 대중 고객군이다. 얼리어댑터가 되고 싶지만 경제력이 없어 그들을 동경하는 고객군이다. 이들은 브랜드, 품질, 가격에 전부 민감하다. 일반 대중이 사용하는 기준으로 가장 까다롭고 합리적으로 구매한다. 이들이 구매하는 물품은 모든 검증을 철저히 통과했다고 믿고 일반 대중에게 급속도로 퍼져나가기 시작한다.

얼리머저러티 중 가장 앞선에 있으며 남들에게 전파하기를 좋아하는 고객군을 '스니저'라고 한다. 스니저라는 단어는 본래 '재채기하는 사람'이라는 뜻이지만 마케팅에서는 새로운 것을 주변사람들에게 퍼뜨리는 그룹을 말한다. 스니저는 얼리머저러티 중 가장 까다로우며 유행을 선도한다. 과거 K팝 아이돌은 기본적으로 음악성, 외모, 뮤직비디오 등의 품질을 확보 했지만 수익성을 위해 음원이나 방송 콘텐츠 등에 제한을 두어 가격에 민감한 스니저를 사로잡지 못했다. 반면에 방탄소년단은 높은 품질의 음악과 방송을 무료로 공급해 이들 스니저를 끌어들일 수 있었으며 이는 거대 폭발의 기반이 되었다.

레이트머저러티는 보수적인 고객군으로 대중 고객 중 뒤늦게

반응하는 고객군이다. 이 고객군은 유행을 따라가고 싶지 않지
만 주변 모두가 변화하면 사회적 압력에 의해 어쩔 수 없이 제
품을 구매한다. 이 고객군은 유행에 관심이 없으며 남들이 많
이 하는 것을 믿고 따라 하기만 한다. 처음에는 유행 제품에 대
해 냉소적이고 무관심하다가도 그 제품이 대세가 되면 가장 무
난한 것으로 구매한다. 하지만 경제력이 낮은 것은 아니라서 '
일반적인' 가격이면 기꺼이 지불할 용의가 있다. 이 고객군의
가장 큰 관심사는 "남들만큼만 하면 되고, 나 혼자 따돌림 받
기 싫다."이다. 한번 믿고 구매한 브랜드에 대해서는 강한 충성
도를 나타내 일반적으로 기업의 캐시카우(확실한 수익원)로 분
류된다.

래가드는 결코 반응하지 않는 고객군이다. 이 고객군은 앞의
얼리어댑터와 성향이 비슷하다. 자신의 주관이 뚜렷하고 자기
에게 가치가 있는 제품만 구매한다. 제품 수용 주기는 각 상품
종류별로 모두 다른데, 특정 제품에 얼리어댑터라도 어떤 제품
에는 래가드일 수 있다. 이를테면 전자제품 얼리어댑터가 인공
지능 스피커는 구매하지만 유행하는 방탄소년단 음악은 끝까
지 구매하지 않는 래가드인 경우도 있다.

엑소는 수도권부터, 방탄소년단은 지방부터

제품 수용 주기는 산업 수명 주기에서 반응하는 고객군 관점에서 만들어진 툴이다. 제품 수용 주기는 매우 강력한 전략 도구지만 이를 정교하게 활용하는 마케터나 전략 기획자는 매우 드물다. 대부분이 단순히 '얼리어댑터를 타깃으로 해야 한다.'는 신념하에 브랜드를 관리한다. 대기업에서는 얼리어댑터를 관리해야 한다는 일념 하나로 대형 프로모션을 벌이고 파티를 주최하기도 한다.

얼리어댑터는 중요하다. 얼리어댑터 고객군이 많이 사용해서 시장이 달구어져야 캐즘을 넘어 그들을 동경하는 스니저들에게 제품을 사용하게 만들 수 있다. 하지만 얼리어댑터만 잘 관리한다고 해서 캐즘을 넘을 수 있는 것은 아니다. 앞 장의 산업 수명 주기에서 도입 단계의 산업에서는 성공하기 어려우니 일단 투자를 줄이고 기다리는 것이 중요하다고 했다. 얼리어댑터는 도입 단계에서 반응하는 고객군인데 이들을 타기팅하여 성공시키기는 매우 어려우며 시간이 오래 소요된다.

방탄소년단은 국내의 얼리어댑터보다는 아시아 전역에서 얼리어댑터와 스니저 집단을 타기팅했다. 실제로 국내에서 방탄소년단은 대도시보다 지방에서 인기가 많았다.

방탄소년단과 비슷한 시기에 활동한 엑소의 경우 수도권과 대도시 위주로 활동해 언급량과 인터넷 트래픽이 높게 나타났지만, 방탄소년단은 수도권보다는 지방과 소도시 위주로 반응이 크게 나타난다.

수도권과 대도시의 고객은 대부분 보수 대중이기 때문에 시장의 파이는 크지만 끓이는 데 시간이 오래 걸린다(이것은 미국의 팝 시장도 마찬가지다). 대부분 대형 기획사 아이돌이 수익화를 위해 CF나 연기 등 상업적 방송 활동으로 선회한 반면, 방탄소년단은 중소 기획사 소속의 특성상 상업적 활동 기회가 적었으며 비상업적 활동을 통해 주요 팬층인 지방과 아시아 지역

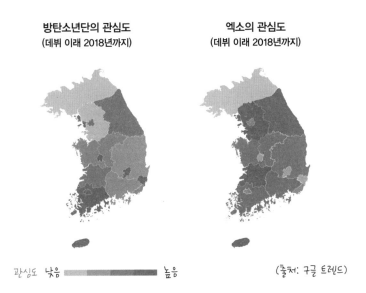

방탄소년단의 관심도
(데뷔 이래 2018년까지)

엑소의 관심도
(데뷔 이래 2018년까지)

관심도 낮음 ▭▭▭▭▭▭▭ 높음

(출처: 구글 트렌드)

88

전 세계 BTS(방탄소년단) 검색량 빈도 추이

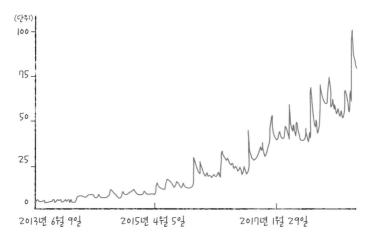

(단위)
100
75
50
25
0

2013년 6월 9일   2015년 4월 5일   2017년 1월 29일

팬에게 집중했다. 이는 중소 기획사 입장에서 불가피한 선택이었지만, 결과적으로 훌륭한 선택이 되었다.

방탄소년단은 기본적으로 동남아 팬덤을 메인으로 가지고 있다. 처음에는 소수 계층의 잘나가는 얼리어댑터들이 팬 활동을 시작하게 되었다. 그 팬덤이 전 세계적으로 네트워크를 형성하고 있었으며, 소수 계층 위주로 각 선진국에서 강력한 팬덤으로 발전하게 되었다.

방탄소년단의 인기는 2015년경까지 캐즘에 갇혀 있었다. 그동안 얼리어댑터 팬 확보에 최선을 다했으며, 그 이후 폭발적인 힘을 받게 된다. 방탄소년단의 세계적 인기는 2016년부터 그 성장이 돋보이는데, 이때 중추적인 역할을 한 주요 팬은 동남아시아의 팬이다. 방탄소년단 검색어 언급량 통계 결과, 필리핀, 인도네시아, 말레이시아, 미얀마 순으로 나타나 대부분의 동남아시아 팬덤을 강한 지지층으로 삼고 있는 것으로 보인다.

방탄소년단의 타깃 확대는 소수 세력의 확대였다. 동남아시아를 중심으로 한 기존 K팝 팬에서 흑인과 라티노(라틴아메리카 출신) 등 다양한 인종을 포함한 광범위한 팬덤을 만들었다. 결국 미국과 유럽 주요 국가의 소수민족을 장악하면서 점차 중심부로 향할 수 있었다. 소수 집단의 팬덤 확대는 미국에서 방탄소년단이 초기에 유행한 지역에서도 나타난다. 미국에서 방탄소년단의 인기는 하와이, 캘리포니아, 네바다, 텍사스, 뉴저지 순으로 전파가 되었는데 이는 대표적으로 소수 집단의 인구 비중이 높고 외국 문화에 개방적인 지역들이다.

아시아 지역 젊은 팬들은 북미 팝 시장에서 강한 스니저 고객의 역할을 했다. 네트워크가 강하고 입소문을 내는 역할을 한 스니저 고객은 전체 시장에 영향력을 발휘한다. 기업의 역량을 고려해, 가능하다면 대중을 움직이는 스니저를 타깃으로 하는 것이 가장 효과적이다. 현대와 같이 저성장이 지속되고 어려운 환경에서는 기업의 비용을 줄이고 효과를 극대화해야 한다. 따라서 해당 분야에서 스니저 그룹이 누구인지를 명확히 하고 타깃으로 삼아야 한다.

키엘의 1퍼센트 타기팅: 폭발력을 응집시켜라

방탄소년단의 효과와 유사한 비즈니스 사례는 과거 화장품 업계에서도 볼 수 있다. '수분크림'의 대명사 키엘은 2004년 20억 매출을 올리던 조그마한 화장품 브랜드였다. 그런데 2007년 전년 대비 매출이 두 배로 성장하더니, 2011년 1,400억(백화점 채널에 한함) 매출을 올리는 기업으로 성장했다. 2000년도 초반 키엘은 청담동에 플래그십 스토어를 열고 고가의 화장품을 경제력 있는 고객을 타깃으로 영업했다. 강남, 압구정동에 거주하는 경제력 있는 고객을 상대로 영업을 하면서 도입 단계에서의 프리미엄 이미지로의 브랜드를 구축했던 것이다. 당시 키엘은 화장품 얼리어댑터 사이에서는 이미 다 아는 브랜드였지만 폭발적인 매출 성장은 이루지 못하고 캐즘에 갇혀 있었다.

그러던 키엘이 3만 원대 합리적인 가격의 수분크림을 출시하자 이것이 화장품의 스니저들에게 가장 중요한 불씨가 되었다. 키엘을 사용해보고 싶었던 스니저들은 값비싼 키엘의 제품을 구매하지 못했지만 얼리어댑터들이 사용하는 것을 보고 항상 동경해오고 있었다. 프리미엄 화장품 브랜드에서 적절한 가격의 아이템이 출시되자마자 소수의 스니저들이 반응했다. 백화점에서 길게 줄을 늘어서는 일이 벌어졌다. 이것이 큰 화제가 되어 결국 바이러스가 옮겨가듯 입소문을 타고 급속히 확산되었다. 이로써 키엘은 캐즘을 넘어 대중 고객군의 구매를 촉발할 수 있었고, 매출이 폭발적으로 성장했다. 이후 2006년부터 2011년까지 키엘은 연평균 95퍼센트의 성장률은 기록하며 국민 화장품 브랜드로 성장했다.

위의 키엘의 사례는 방탄소년단의 타기팅 사례와 유사하다. 먼저 꾸준히 얼리어댑터 타깃 고객에 집중해 브랜드를 구축하고 폭발할 수 있는 역량(콘텐츠)을 쌓는다. 그다음 스니저 집단에서 반응할 수 있는 음악과 뮤직비디오를 소개하며 대대적으로 화제성을 불러온다. 그 결과 메인 시장 보수 대중에게까지 퍼질 수 있는 거대한 유행을 가져왔다.

이렇듯 대중 고객에게 유행을 일으키는 방법은 '가스로 가득 찬 방 안에 불을 붙인 성냥개비 하나를 집어 넣는 것'처럼 폭발적으로 반응시켜 단숨에 캐즘을 넘는 것이다. 이를 위한 타기팅은 적당한 소수 집단이 좋으며, 폭발력을 응집하기 위해서는 수년간의 노력이 필요하다.

노스페이스의 1퍼센트 타기팅: 비주류의 패션시장 정복

방탄소년단의 지지기반인 사회적 소수 계층은 말 그대로 소수이며 주류 사회에서 큰 주목을 받지 못했다. 그런데 그들은 어떻게 뭉치게 되었으며, 그 파급 효과가 세계에 퍼지게 되었을까? 그 원리는 우리나라의 패션 유행 발전과 유사하다. 패션은 서울 중심부의 메인스트림이 아닌 부산, 대구, 인천 등의 강한 네트워크를 가진 소수 계층 사이에서 유행이 형성되어 점차 메인스트림으로 전파된다. 방탄소년단의 음악도 이와 마찬가지였다.

소수 계층의 문화가 보수 대중의 문화로 넘어가는 유행의 전파 원리에 대해 알아보자.

많은 문화·패션 산업의 전문가들은 유행의 전파 원리를 경험적으로 알고 있다. 예를 들어, 패션에서의 유행은 선진 제품이 받아들여지는 곳(주로 항구도시)에서부터 이노베이터와 얼리어댑터의 시도로 시작된다(단, 사치재의 경우는 경제 도시의 부유한 지역에서 유행이 시작된다). 이후 패션 고객들의 이동 경로에 따라 도시 중심으로 전달되며 최종적으로 대도시에 도달한다. 대도시 보수 고객들에게 유행이 상륙하게 되면 다시 전국으로 내려가 유행 아이템을 접하지 못한 지방의 대중 고객군에게 확산된다.

이를 국내에 적용하면, 항구 지역(부산, 인천 등) 중 얼리어댑터 고객군의 네트워크가 강한 곳에서 유행이 시작되어 서울로 올라온 뒤, 서울에서 전국으로 확장된다. 아웃도어 브랜드인 노스페이스의 성장에서 그 유사성을 찾아보기로 하자.

노스페이스는 매출 2조 원, 정판율 90퍼센트 이상의 놀라운 실적을 자랑하는 패션 아웃도어 브랜드다. 지금은 유행이 지났지만, 2000년대 후반에 고등학생들의 '겨울 교복'으로 불릴 만큼 대한민국 고등학생에게 크게 유행했던 브랜드다. 노스페이스는 어떻게 성장했을까? 많은 전문가들이 피상적인 이야기를 한다. 예를 들어 기능성, 투톤 컬러의 예쁜 디자인, 사람들의 감성을 자극하는 콘셉트 등등 피상적이고 개념적인 분석을 한다. 이는 방탄소년단이 '열정'과 '진심'으로 성공했다는 주장처럼 무엇인가 추상적이다. 비즈니스 프레임에 비춰봤을 때, 고객 제품 수용 주기 내에서 노스페이스는 스니저 그룹을 타깃으로 해 급성장했다. 영 패션의 스니저인 고등학생을 공략해 대유행을 몰고 올 수 있었던 것이다.

1997년 한국에 진출한 노스페이스는 2000년대 들어와서 아웃도어 의류의 패션화를 이끌며 아웃도어 의류 시장을 캐즘을 넘어 성장 단계로 진입시켰다. 그러나 처음부터 노스페이스가

승승장구했던 것은 아니다. 외국 브랜드인 노스페이스는 초기
에 인지도가 없어서 저가로 할인해 밀어내기식 판매를 할 수
밖에 없었다. 그런데 어느 해 겨울에 부산 물류항 주변 도시에
노스페이스가 저가로 대량 방출되었고, 우연히도 부산의 거친
폭력 집단이 노스페이스의 검정색 패딩을 단체로 입게 되었다.
이것은 부산의 반항적인 남고생들의 눈에 들어왔다. 반항적 남
고생들은 폭력 집단을 동경하고 있었으며, 그들을 닮기 위해 노
력했다. 고등학생들은 폭력 집단의 패딩에 선명하게 찍힌 노스
페이스라는 브랜드를 동경했고, 똑같은 옷을 구매해 반항적 고

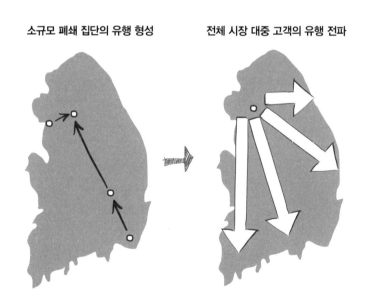

소규모 폐쇄 집단의 유행 형성   **전체 시장 대중 고객의 유행 전파**

교생이라는 집단적 우월감을 드러냈다. 이는 그 지역 고등학생들 사이에서 큰 화제가 되었다. 그들을 동경하던 또래들은 너도나도 노스페이스를 구매하여 동질감을 표현하려 했다. 결국 나중에는 노스페이스 패딩을 입지 않으면 반에서 따돌림을 당하는 일이 발생했다. 어쩔 수 없이 평범한 일반 고등학생들도 노스페이스를 입게 되었다. 끈끈한 네트워크로 다져진 학생 집단에서의 유행은 부산을 잠식하고 대구로 번졌으며 이후 수도권과 서울로 상륙했다. 이후 노스페이스는 사회적 이슈로 떠올라 대중 매체에 대대적으로 소개되었고, 이것이 마케팅 효과로 작용했다. 결국, 수도권 고등학생 대부분이 노스페이스를 입게 되고, 이는 역으로 춘천, 전라, 강원 지방까지 유행이 전파되었다. 마침내 그 영향은 대학생 및 어른에게까지 전파되어 한국이라는 고립된 시장 전체를 장악하게 되었다.

국민 히트 상품이 되는 비결

여기에 방탄소년단의 사회적 소수 집단인 팬덤이 어떻게 일반 대중에게까지 영향을 미치게 되었는지에 대한 힌트가 있다. 처음에는 노스페이스가 애들 옷이라며 거들떠도 보지 않던 어른들도 나중에는 너도나도 노스페이스를 입게 된 것처럼, 방탄소년단의 소수 집단에서의 화제성이 입소문을 타고 점차 일반 대중에게까지 영향을 미치게 되었다.

소수 집단 내의 유행 전파는 유대감으로 설명할 수 있다. 그들끼리는 강한 유대감을 가지고 있어서 어떠한 구실만 있다면 그것을 통해서 강하게 결합한다. 처음에는 집단의식으로 패션이 유행하고 방탄소년단의 노래가 화젯거리가 되지만, 나중에는 그 안에 들지 않으면 대화가 통하지 않으며 소외감을 느끼는 상황이 온다. 집단 전체가 방탄소년단의 팬이 되는 것이다. 그렇다면 방탄소년단은 어떻게 아시아뿐만 아니라 세계까지 정복하게 되었을까?

방탄소년단의 세계 정복은 노스페이스의 유행 전파 과정과 같은 원리로 진행되었다. 과거 고립된 국내 시장과는 다르게, 초연결사회의 흐름에 힘입어 전 세계를 하나의 시장으로 해서 유행 네트워크를 탔다는 차이 밖에 없다. 현재 세계 팝 시장의 비주류라고 할 수 있는 아시아계 소수 집단(지리적으로 아시아, 남미, 미주 일부)을 중심으로 선진 K팝 열풍이 강하게 몰아쳤다. 그리고 그들 사이에 유행이 번져 중심부인 한국의 메인 시장과 미국의 빌보드에 상륙했다. 일명 톱다운top-down 방식이 아닌, 버텀업bottom-up 방식으로 메인 시장을 점령한 것이다. 이제 그 흐름은 거꾸로 한국 시장과 미국 시장 구석구석에 전달되고 있으며, 아직까지 방탄소년단이 전파되지 않은 지역으로 퍼질 것이다. 아직 K팝에 익숙하지 않은 대중 고객에게 방탄소년단이 전달되는 톱다운 흐름이 이어지는 것이다.

노스페이스와 방탄소년단, 두 사례의 공통 고객인 젊은 층은 경제력이 낮으며 따라서 사회 전체로 봤을 때 비주류다. 노스페이스의 초기 고객인 패션에 민감한 지방의 청소년은 우리나라 전체 시장에서 비중이 매우 작으며, 방탄소년단의 초기 팬덤인 아시아 청소년층은 세계 시장에서 거의 관심을 갖지 않는다. 그렇다면 경제력 높은 주류 고객층에는 어떻게 전파된 것일까?

<모나리자>는 어떻게 유명해졌을까?

비주류의 문화를 주류 집단이 따라 하는 건 무엇을 의미할까? 주류 집단은 비주류 집단을 동경하지는 않는다. 하지만 유행이 되면 주류 집단은 좋든 싫든 그것을 접해야 한다. 그 과정에서 누적 학습의 효과가 나타나게 된다. 대중 집단은 얼리어댑터의 '본질적 니즈'나 유행 대중의 '유대 관계'가 아닌 '학습 효과'에 의해 제품을 받아들인다. 대중 집단에 속한 사람들에게 방탄소년단이 익숙해지고 침투할 수 있었던 이유는 단지 눈에 자주 보였기 때문이다. 상품으로 치면 단순히 주변 사람들이 사용한다는 이유만으로 경험할 기회가 늘어나고, 경험이 많아지면서 제품이 좋다고 받아들이게 된 것이다.

이것은 미국 사회학자 던컨 와츠Duncan Watts가 주장한 누적이익cumulative advantage의 원리다. 와츠에 따르면 예술은 그 진가를 쉽게 알기 어렵다. 수차례에 걸쳐 학습해야 그 가치를 서서히 느낄 수 있으며, 따라서 필연적으로 시간을 요하는 일이다. 그러나 일반인들은 보통 예술을 여러 차례 학습하지 않는다. 따라서 유명한 작품만 지속적으로 노출되면서 더욱 유명세를 타게 된다.

1850년대에 레오나르도 다빈치는 동시대의 화가 티치아노나 라파엘로보다 훨씬 낮은 대접을 받았다. 당시 티치아노나 라파엘로의 작품은 디빈치의 〈모나리자〉보다 열 배 이상의 가치가 있었다. 〈모나리자〉가 유명해진 것은 20세기에 들어서였는데 그 계기가 된 것은 학자들의 재평가가 아니라 도난 사건 때문이었다.

20세기 초 〈모나리자〉가 도난당했다가 우여곡절 끝에 되돌아오는 사건이 발생한다. 이 사건은 사람들 사이에서 커다란 화젯거리가 되었으며, 이를 계기로 사람들은 〈모나리자〉를 보러 줄을 서게 되었다. 흥미로운 점은 사람들이 〈모나리자〉를 좋아해서 본 것은 아니었지만, 자주 보다 보니 〈모나리자〉가 좋아졌다는 것이다.

방탄소년단의 파급 효과가 세계적으로 일반 대중에게까지 퍼진 원리가 이와 같다. 처음에는 사회적 소수에 의해 유행이 시작되었지만, 이후에 사회적으로 대세가 되면 본의든 본의가 아니든 경험하게 되고, 익숙해지면 좋아하게 되는 것이다.

재채기로 인한 나비효과, 스니저

방탄소년단과 노스페이스의 사례에서 볼 수 있듯이 정보를 파급시키는 역할을 하는 고객군이 스니저다. 각 국가, 집단, 커뮤니티에는 빅마우스big mouth가 존재한다. 과거에는 집단에서 사람들을 자주 만나고 활발하게 활동하며 입소문을 퍼뜨리는 고객이 빅마우스, 즉 스니저의 역할을 했다. 그러나 시대가 바뀌었다. 2000년대에 들어와 인터넷을 통해 정보를 얻거나 구매하는 인구가 급증하고, SNS가 활성화되면서 일반인들이 직접 콘텐츠를 만들며 1인 미디어의 역할을 하는 경우가 많아졌다. 따라서 정보를 직접 만들고 화제성을 전파하는 온라인 사용자가 현대의 새로운 스니저 그룹으로 급부상했다.

얼리어댑터는 주로 개인적인 취향 및 경험을 솔직하게 기록하며 뚜렷한 자기 주관을 표현하는 그룹이다. 그중, 그동안 정보 전달의 한계로 일반 대중이 알지 못했던 품질 좋고 저렴한 제품을 공정하게 소개하는 역할을 적극적으로 하는 부류가 바로 스니저다. 스니저는 상품의 가치를 정확히 판단하고 가격 및 브랜드와 비교해 합리적으로 선택한다. 이로 인해 많은 사람들이 스니저가 사용하는 제품을 믿고 따라 사용한다.

스니저를 어떻게 정의할 수 있을까? 제품마다 다르지만 일반적으로 스니저는 해당 제품의 사용자 중 상대적으로 까다롭고 나이가 어린 고객이다. 이런 고객은 새로운 문화를 쉽게 받아들이며 열정적으로 공부하고 비교하지만 경제력은 없는 부류다. 그러나 산업별로 스니저의 기준은 다양하다.

뉴발란스와 노스페이스의 사례에서 보았듯이 신발 및 아웃도어와 같은 패션 산업의 경우 젊은 고등학생, 대학생 들이 스니저의 역할을 한다. 방탄소년단과 같은 엔터테인먼트 시장의 스니저도 청소년 그룹이다. 하지만 위니아만도의 경우 김치냉장고 시장의 빅마우스인 아파트 단지 주부를 공략해 성공했다. 또한 가발 전문 업체 하이모의 경우 중년의 남성 중 상대적으

로 트렌디하고 외모를 가꾸는 고연령대의 유행 선도자를 타깃
으로 해 성공했다.

이렇듯 해당 제품의 타깃 고객군에서 가장 영향력 있는 집단
이 스니저이며 이를 찾는 것이 중요하다.

방탄소년단, K팝 시장의 룰을 바꾸다

대부분의 대형 기획사는 투자 계획과 수익 계획을 작성해 손익
분기점을 예상하고 전체적인 현금 흐름을 체계적으로 관리한다.
이러한 재무적 관리 체계는 신사업을 수행하는 데 반드시 필요
한 접근 방법이다. 그렇다면 방탄소년단은 치밀한 투자 계획을
세우고 수익성을 계산한 준비된 아이돌 그룹이었을까?

대부분의 기획사는 아이돌 그룹에 자본을 투여해 성장시키
고 거기서 얻어지는 방송 수입, 광고 수입, 음원 수입, 용품 수
입 등으로 수익을 낸다. 수입 지출의 관점에서 예상 재무제표
를 작성하고 케이스 시뮬레이션을 수행한다. 그랬을 때, 아이
돌 그룹의 투자 수익은 데뷔 후 3~4년 이내에 확보하는 것이
일반적인 시스템이다.

연습생 한 명당 3,000만 원 내외의 연간 비용이 든다고 한다.

아이돌 데뷔 이전 연습생 기간을 평균 3년, 그룹 멤버수를 5명으로 가정할 때, 연간 1억 5,000만 원이 드는 데다가 유명 작곡가 섭외, 뮤직비디오 촬영, 홍보비 등을 합하면 기획사 입장에서 2~3년 동안의 누적 적자는 5~10억 원에 달한다.

그러나 아이돌 그룹은 매년 50개 팀 이상이 쏟아져 나온다. 대형 기획사가 아닌 이상, 나오자마자 '뜨는' 것은 거의 불가능하다. 따라서 아이돌 그룹이 손익분기점을 맞추는 기간은 대략 2~3년이 걸린다. 보통 1집에서 마니아층을 만들고, 2~3집에 대중적으로 폭발시키는 것을 노린다. 그때까지는 초기 투자 비용이 있기 때문에 위험을 감수하고 지속적인 투자를 할 수밖에 없다.

가수의 경우 평균 계약 기간이 7년이고 계약을 기획사에 최대한 유리한 조건으로 하는 이유가 이러한 투자 회수의 목적 때문이다. 연습생 시절 투자 비용이 빠르게 청산되고 이를 바탕으로 현금이 창출되어야 다른 연습생에 다시 투자할 수 있다. 이처럼 K팝 아이돌 그룹의 운영은 철저히 재무적 투자 수익 관점에서 돌아가며 이 프레임을 깨기는 어렵다.

트렌드가 빠르게 변화하고 아이돌의 전성기가 점점 단축됨에 따라 기획사에서는 가능하면 투자 기간도 짧게 가져가고 수익 창출도 단기간에 이루려 노력한다. 단기적 수익성을 고려하다 보면 연기, 예능, 광고 등 (돈 되는) 다양한 활동을 할 수밖에 없으며, 그러면 팬들을 관리하고 소통하는 데 소홀해지게 된다. 결국 롱런하는 데 기반이 되는 지지층이 약화되고 반짝 스타로 물러나는 경우가 많다. 과거에는 이러한 패턴이 트렌드가 빠르게 변화하는 엔터테인먼트 산업에서는 어쩔 수 없는 현상이라고 생각되었다. 그러나 이러한 단기적 관점이 최근에는 긴 호흡으로 세계 시장을 준비하는 장기적 관점으로 바뀌었다. 그 계기가 방탄소년단의 성공 사례였다.

방탄소년단의 성공은 K팝 아이돌 육성 사이클의 재조정을 가져왔다. 시장의 파이가 커졌고 글로벌 영향력을 가진 군집도 드러났다. 손익분기점을 위해 수익화하는 기간, 즉 시장의 기초를 닦는 기간의 변화가 일어났다. 글로벌 시장을 겨냥하려면 기초 팬덤을 더 깊이 뿌리내려야 한다. 전략적 타깃 고객군에 오랫동안 지속적으로 투자하는 것이 필요하다.

이것은 근본적으로 글로벌 시장이 변했기 때문이다. 과거에만 해도 북미 시장, 유럽 시장 진출이 매우 어렵고 경제적 효과도 미미해 아시아 지역에서만 수익을 창출하는 것이 당연하게 받아들여졌다. 그러나 현대 거시적 관점에서 시장의 흐름을 보면 일본, 중국, 동남아뿐만 아니라 유럽, 미주까지 K팝 시장의 가시권에 들어왔다. 따라서 이 시장까지 감안해 기초 팬들에게 불을 지피는 일이 필요하다. 방탄소년단은 (비록 그것을 의도한 것은 아니었지만) 세계 팝 시장에 들어올 때 충실하게 브랜딩을 하고 팬들을 위한 기반(콘텐츠) 관리를 했기 때문에 전체 시장의 확산이 가능했다.

스니저를 타깃으로 폭발적으로 성장하라

2000년 초 글로벌 대형 유통업체인 테스코는 한 가지 고민이 있었는데, 바로 유아용품 판매가 부진하다는 것이었다. 당시 유아용품은 약국에서 파는 것이었고, 약국에서 파는 제품을 마트에서 판매한다는 사실에 대해 소비자들은 불안감을 느끼고 있었다. 테스코는 이를 해결하기 위해 테스코 베이비 클럽Tesco Baby Club을 만들었다. 베이비 클럽은 직접적인 홍보 메시지를 배제하고 임신·육아 관련 선문 정보와 함께 관련 상품 쿠폰을 고개에게 제공했다. 고객이 자발적으로 가입하는 베이비 클럽은 '경험하고 싶은 욕구'가 강한 얼리어댑터들이 우선적으로 가입했다. 하지만 이 베이비 클럽의 멤버들은 매우 까다로운 고객이어서 비용은 많이 들지만, 매출 증대가 일어나지 않고 수익에 도움이 되지 않는 집단이었다. 그러나 테스코는 전체 시장을 고려한 장기적 관점에서 투자를 지속했다.

점차 얼리어댑터 고객들로부터 신뢰를 확보했고 이를 동경하던 스니저들도 베이비 클럽에 가입했다. 베이비 클럽은 강한 화제성을 낳았으며 스니저들의 입소문을 타고 급속히 확대되었다. 결국 테스코의 유아용품 시장 점유율은 25퍼센트로 상승했고 동시에 영국에서 새로 부모가 되는 사람들의 37퍼센트가 베이비 클럽의 회원으로 가입하게 되었다. 테스코는 얼리어댑터와 스니저를 타깃으로 하여 시장의 폭발적인 성장을 가져온 케이스다.

회사를 운영하는 데 있어 수익은 중요하다. 하지만 눈앞의 작은 이익에만 눈이 멀어 미래의 더 큰 성공을 보지 못하는 경우가 있다. 만약 테스코가 투자 비용이 많이 들어가고 수익성이 낮은 베이비 클럽을 포기하고, 기존 우량 고객에게만 집중했다면 어떻게 되었을까? 아마도 현상유지만 하고 전체 매출은 계속 지지부진했을 것이다. 마찬가지로 만약 방탄소년단이 국내 우량 고객에게만 집중해 콘텐츠를 유료화하고 연기나 광고 쪽으로 활동을 집중했다면 아마 수익성은 확보했겠지만 지금의 세계적 그룹으로 성장하기는 어려웠을 것이다.

스니저 고객군의 수익성은 높지 않다. 특히 팝 시장의 스니저 고객군은 음악, 퍼포먼스, 영상, 외모 등을 까다롭게 비교해

신중하게 선택하기 때문에 잡기도 힘들고, 브랜드 충성도가 낮아 유지하기도 힘들다. 하지만 스니저 고객군은 중장기적 회사 가치로 보면 효율성이 월등하다. 소위 말하는 '한 명의 고객 뒤에 스무 명의 고객이 있는' 알짜 고객군이다. 방탄소년단은 이 스니저 고객군과 끊임없이 소통하고 그들에게 집중했다. 스니저 고객을 만족시켜 대다수 고객을 만족시킬 수 있었으며 파급력이 강해 고객이 빠르게 몰리는 현상인 선순환을 가져왔다. 이렇듯 단기 수익 감소를 각오하더라도 스니저를 타깃으로 한 마케팅 전략을 펼치는 것이 중요하다. 특히 현대와 같이 정보통신과 소셜 네트워크가 발달한 시대에는 스니저 고객군의 가치가 더 높다.

할리데이비슨의 실수

국내의 메이저 K팝 기획사들은 대부분 한국 및 일본의 메인 우량 고객을 타기팅한다. 마찬가지로 대부분의 기업들이 20 대 80의 법칙을 신봉하며 우량 고객에게만 집중한다. 타깃 마케팅을 위해 CRMCustomer Relationship Management, 고객관계관리 시스템을 구축해 매출과 수익이 높은 고객을 판별하여 그들의 충성도를 높이려고 노력한다. 하지만 매출이 높은 고객은 누구인가? 주로 메이저 유통 채널을 이용하는 보수적 고객이다. 중장기적으로 가치 있는 지방이나 아시아의 젊은 고객은 현재 매출이 낮기 때문에 관리하지 않는다. 하지만 단기 수익에 집중하면 보수적 고객군에 한정되어 중장기 성장을 저해할 수 있다.

반항아 이미지로 희대를 풍미한 영화배우 제임스 딘 덕에 할리데이비슨은 한때 젊음의 상징이었다. 강력한 배기음에 근육질을 연상케 하는 바디를 지닌 할리데이비슨. 하지만 이 오토바이의 이미지는 이미 구시대의 유물이 되어버렸다. 현재는 나이 많은 노인들만 주로 타는 오토바이가 되었다. 할리데이비슨 브랜드가 이렇게 노후화 된 이유는 무엇일까? 할리데이비슨은 20세기에 엄청난 성공을 거두었는데 이러한 성공에 힘입어 고객 관리를 강화했다. 특히 수익성 높고 충성스러운 고객을 집중적으로 관리했다. 이러한 경영은 당시 많은 지지를 얻었지만 결과적으로 젊고 경제력 낮은 고객에게 소홀하게 되었다. 점차 할리데이비슨은 성장 동력을 잃어갔고 이런 틈을 타 일본 및 유럽 오토바이 제조사들이 저가의 트렌디한 제품군을 앞세워 급속도로 시장의 젊은 고객을 장악해갔다. 결국 2000년대에 들어서 할리데이비슨의 시장 점유율은 과거에 비해 크게 줄어들었다.

수익성을 관리하는 작업 자체에 문제가 있는 것은 결코 아니다. 단, 막연히 열정과 의지만으로 신사업을 시작하는 것은 지양해야 한다. 논리적으로 현대 네트워크 시장을 이해하는 것이 필요하다. 수익성을 판단하는 재무제표에 장기적 관점의 매출 증대 효과와 거시적 시장 흐름의 변화를 반영하지 않는다면 정확한 분석이 아닌 것이다.

말은 쉽지만 실제로 그럴 수 있을까?

방탄소년단의 사례를 들어 수익성 낮은 스니저 고객을 타깃으로 하고, 긴 호흡으로 투자 기간을 늘리라는 조언은 누군가에게는 비현실적일 수 있다. 한 치 앞을 내다볼 수 없는 현대 경영 환경에서 수익에 목말라하는 일반 기업이 경제력 없는 고객을 타깃으로 투자하는 것은 쉽지 않다. 작은 지역에 집중적으로 마케팅해 캐즘을 돌파하는 전략은 얼핏 매우 위험해 보인다. 많은 경영자들이 캐즘 마케팅에 대해 알고 있으나 실제 실행할 때 자신감이 결여되어 투자를 중단하고 일반적인 마케팅을 벌이고 만다. 캐즘을 넘기는 마케팅은 확고한 논리와 추진력이 필요하다.

기업의 전략이 바로 서 있지 않으면 같은 고민을 반복하고 실행을 번복하는 일이 자주 발생한다. 기업이 실행을 꾸준히 추진하지 못하는 주된 이유는 경영진 자신이 설득되지 않았기 때문이다. 설득되지 않은 이유는 전략·마케팅이 근거에 기반하지 않고 아이디어 형태로만 존재해 논리적으로 정리가 되지 않았기 때문이다. 현대 네트워크 시장을 논리적으로 이해하면 일관된 전략을 수립할 수 있다. 전략을 명확히 수립하고 그 전략에 맞게 타기팅을 올바로 정의한다면, 그것을 토대로 작은 노이즈에 휘둘리지 않고 일관된 전사 마케팅 4P product, promotion, price, place를 실행할 수 있다. 그렇다면 일반 마케팅보다 수십 배의 효과를 볼 수 있을 것이다.

Summary ❷
타기팅의 방법

- 과거 공급이 부족하고 정보기술이 발전하지 않았을 때는 타기팅이 필요하지 않았다. 그러나 공급이 늘어나고 정보기술이 발전한 현대에는 고객 타기팅을 정교하게 해 최적의 제품과 서비스를 제공하는 기업만이 살아남는다.

- 2000년대 초반, 대형 기획사들의 K팝 스타들은 거대한 미국 시장의 모든 고객을 대상으로 마케팅을 펼쳤으나 실패로 돌아갔다.

- 인간은 사회적 동물이며 사회적 의사 결정을 한다. 오늘날과 같이 네트워크가 발달한 초연결사회에서는 의사 결정의 영향을 받는 순서를 이해한 네트워크 마케팅이 필요하다.

- 네트워크 관점에서 폐쇄적 소수 집단을 타깃으로 하는 것이 유리하다. 그들은 규모가 작아 자원을 집중할 수 있고 네트워크가 강해 입소문 전파가 용이하다.

- 방탄소년단의 메인 팬덤은 경제력이 낮은 아시아의 청소년 집단이었다. 방탄소년단은 이들 소수 집단 팬들과 진심으로 소통하고 신뢰를 얻어 시장의 폭발을 가져오게 되었고, 결국 유럽, 미주 지역에 있는 동종 집단에까지 영향력을 확대했다.

- 비주류 집단이 버텀업 방식으로 메인 시장을 점령하는 비결은 '누적

학습'의 원리다. 주류 집단은 좋든 싫든 방탄소년단을 꾸준히 접하게 되고 학습 효과에 의해 방탄소년단을 좋아하게 된다.

● 유행 대중에서 가장 앞에 있으며 유행을 전파하는 고객군을 스니저라고 한다. 콘텐츠를 직접 만들고 화제성을 전파하는 온라인 사용자가 현대의 새로운 스니저 그룹으로 부상했다. 장기적 관점에서 이들을 타깃으로 해 꾸준히 마케팅하는 노력이 필요하다.

CHAPTER 03

완전완비제품의 조건
항상 최고일 필요는 없다

빅히트엔터테인먼트는 2010년 힙합 그룹 방탄소년단의 새 멤버를 모집하는 전국 오디션을 개최해 리더 RM을 중심으로 슈가, 진, 제이홉, 지민, 뷔, 정국이라는 랩, 보컬, 춤에 능한 일곱 명의 최종 멤버를 발탁했고, 3년간의 고된 연습 과정을 보내며 힙합 아이돌 *그룹*으로 데뷔를 준비했다.

그 결과 방탄소년단은 세계 무대에서 압도적인 실력을 보여주게 되었다. 멤버 모두 깔끔한 외모에 뛰어난 노래 실력을 기본을 가지고 있다. 거기에 대부분의 멤버가 출중한 작사·작곡 능력으로 갖추고 있어 싱어송라이터로서의 면모를 보인다. 뿐만아니라 칼 같은 군무를 기반으로 한 퍼포먼스 또한 최고 수준을 선보인다. 방탄소년단은 데뷔 초부터 난이도가 높은 안무 스케일을 보여주었다. 정규 1집 '댄저' 활동 전후의 안무 영상이 해외 유투버 사이에서 재발굴되기도 했는데, 이 영상을 보는 외국 팬들의 리액션 영상이 제작되곤 했다.

방탄소년단은 K팝 외국 팬들에게 크게 중요한 요소인 뮤직비디오 또한 매우 높은 수준으로 제작해낸다. 한국콘텐츠진흥원에서 진행한 「미국 콘텐츠 산업 동향」(2014)보고서에 따르면 미국 내에서 K팝을 듣거나 보는 경로는 유튜브가 81.5퍼센트로 가장 높다. 유튜브 내에서도 뮤직비디오가 중추적인 역할을 하는데, 이러한 뮤직비디오에서 방탄소년단은 타의 추종을 불허하는 성과를 거두고 있다. 2018년 선보인 〈페이크 러브〉 뮤직비디오는 9일 만에 1억 뷰의 성과를 거뒀고 2017년 9월 오픈한 〈DNA〉 뮤직비디오는 K팝 그룹 최초 4억 뷰를 달성했다.

그렇다면 방탄소년단은 이렇게 모든 실력이 뛰어났기 때문에 세계 팝 시장에서 성공할 수 있었던 것일까? 달리 말하면, 다른 아이돌 그룹은 방탄소년단보다 실력이 부족했기 때문에 세계 시장에서는 통하지 않는 것일까?

최고가 아니어도 괜찮다

방탄소년단의 뛰어난 음악, 멋진 외모, 화려한 퍼포먼스, 감성적 가사, 환상을 심어주는 영상 등은 매우 훌륭하며 이것이 성공의 원천임은 누구도 부정하지 못한다. 하지만 이것은 성공의 필요조건이지 충분조건은 아니다. 팝 시장에서는 모든 항목에서 높은 점수를 받아 전체 점수가 높은 그룹이 성공하는 것이 아니라, 일정 수준의 점수 이상에서 실력 이외의 요소들로 승부가 나기 때문이다.

단적으로, 대부분의 K팝 아이돌의 실력은 이미 세계 무대를 점령하기에 충분하다. 실력과 노력은 이제 K팝 아이돌에게 기본 요소가 됐다. 엑소, 트와이스, 워너원, 아이콘 등 쟁쟁한 K팝 스타들이 방탄소년단보다 실력이 떨어져서 빌보드 상위권에 오르지 못하는 것이 아니다. 업계의 전문가들에 의하면 우리나라 아이돌 지망생들의 실력은 이미 오래전에 세계 최고 수준을 갖추었다고 한다. 물론 실력은 높으면 높을수록 좋으며, 기획력이나 안무 능력 등은 소속사 전문가들의 노력에 의해 점점 완벽해질 수 있다. 그러나 어떠한 뮤지션도 모든 것을 최고로 갖출 수는 없으며 그럴 필요도 없다. 그렇다면 어떤 실력을 얼마만큼 갖춰야 하며 그것은 어떻게 알 수 있을까?

방탄소년단이 해외에 본격적으로 알려지게 되었던 계기는 정규 2집 '윙스' 앨범이 빌보드 200에서 26위를 기록하면서부터다. 이를 기점으로 방탄소년단은 국내뿐 아니라 해외에서까지 주목받게 됐다. 이 앨범의 특징은 무엇일까? 타이틀곡 〈피 땀 눈물〉은 레게를 기반으로 한 뭄바톤 트랩 장르로, 당시 팝 시장 트렌드를 적극 반영했다. 방탄소년단은 여기에 K팝 특유의 후렴과 랩, 퍼포먼스도 함께 배치해 국내와 해외의 입맛을 모두 맞춘 음악을 선보였다. 이렇듯 K팝의 기본을 지키면서도 해외 팬들의 익숙함을 적절히 배치한 것이 성공의 요인이 됐다.

완전완비제품은 도입기 시장을 넘어 성장 시장으로 가기 위해 주요 고객에게 선보이는 완벽한 제품이다. 그러나 이 제품은 모든 것이 최고일 필요는 없다. 제품의 속성에 따른 수준(성취도)은 무조건 타기팅 고객에게 맞춘다. 고객이 원하는 요소를 모두 갖추는 것이 중요하다. 제품의 여러 가지 요소 중 하나라도 부족하면 대중 고객군에서의 폭발이 일어나지 않는다.

도입기 시장을 뚫고 성장 시장에 들어서기 위해서는 유행 대중(스니저 그룹)이 원하는 요소들을 갖추고 나머지 에너지는 시장을 끓이는 데 최선을 다해야 한다. 일단 세계 팝 시장의 일반 대중은 K팝 스타에 대한 경험이 많지 않다. 즉, 지금은 K팝 그룹에 대한 강점만 보여주되 그들에게 익숙한 방법으로 전달하면 되는 시기다. 이 시점에서는 기존보다 복잡한 안무를 개발할 필요도 없으며 새로운 기법을 추구할 필요도 없다. K팝의 실력은 이미 매우 높은 수준으로 올라와 있기 때문이다.

작은 기획사라는 핸디캡과 국내에서의 인기도 높지 않았던 데뷔 초반의 상황이 방탄소년단으로 하여금 선진 팝 문화를 공부하고 작사·작곡 능력, 춤 실력 등을 갖추는 데 집중하도록 만들었다. 뿐만 아니라 데뷔 초의 스토리텔링을 할 수 있는 다량의 SNS 콘텐츠를 구비할 수 있는 여유를 주었다. 결국 해외 시장의 대중 고객이 원하는 적당한 수준의 음악적 결과물인 완전 완비제품을 구비할 수 있었으며, 그것을 기점으로 다량의 콘텐츠와 메시지를 타고 세계 시장에 확산될 수 있었다.

PDA는 망하고 스마트폰은 흥한 이유

방탄소년단보다 훨씬 일찍 해외 시장에 진출한 보아, 비, 원더걸스 등은 해외에서 반짝 인기를 끌었다. 그러나 그러한 인기는 더 많은 고객에게 전파되지 못하고 유행이 가라앉았다. 그들이 뛰어난 실력을 보유하고 있었음에도 지속적인 인기를 누리지 못했던 이유가 무엇일까? 이에 대한 비즈니스 사례를 스마트폰 시장에서 찾아보자.

20세기 후반 시작된 PDA(개인용 정보단말기) 시장을 보면 매우 편리한 기능을 갖춘 PDA가 초기에 반짝 반향을 불러일으켰다. 그럼에도 불구하고 초기 기대와는 달리 일부 고객군에만 어필하고 대중적인 인기를 끌지 못했다. 결국 PDA는 2000년대 들어와 쇠퇴기에 접어들었다. 하지만 애플의 아이폰이 출시되었을 때 순식간에 전 세계적인 돌풍이 일어나 스마트폰 시장은 성장 단계에 돌입하게 되었다. 그렇다면 PDA와 스마트폰의 차이는 무엇일까?

도입 단계에서는 얼리어댑터 고객군이 반짝 반응한다. 하지만 얼리어댑터 고객의 수는 매우 작다. 그들이 충분히 사용하고 나면 시장 정체 현상이 나타난다. 도입 단계에서 성장 단계로 넘어가는 사이의 장벽인 캐즘을 넘어가면 시장의 폭발이 일어나며 본격적인 성장 단계에 돌입하게 되는데, 대부분의 혁신 제품은 이 캐즘을 넘지 못하고 한정된 소수 고객에게만 팔리고 사장되고 만다.

PDA 역시 캐즘을 넘지 못했다. 충분히 편리하고 혁신적인 제품이었지만 대중적인 인기를 얻기에는 무엇인가 부족했다. 또한 당시에 PDA라는 개념도 일반 대중에게는 생소하여 제품에 익숙해지기까지 시간이 필요했다. 적당히 시장이 달구어진 상태에서 완전한 제품이 출현해야 캐즘을 넘을 수 있다.

2000년대 출시된 스마트폰은 기술 자체로써 혁신적인 제품은 아니었다. 무선통신, MP3, 터치패드, 동영상 기능 등의 모든 기술은 기존에 이미 충분히 개발된 기술이었다. 당시 애플이 선보인 스마트폰은 오히려 기존에 있었던 최고 기술에 한참 못 미치는 저성능 전자기기였다. 하지만 이러한 기존 기술을 조합해 고객의 니즈를 모두 해결한 스마트폰은 완전완비제품이 되어 캐즘을 넘을 수 있었다.

완전완비제품이란 제품의 장애를 모두 제거한 제품을 의미한다. 그리고 그걸 판단하는 주체는 타깃 고객군이다. PDA는 기술에 민감한 얼리어댑터 고객에게는 어필할 수 있었지만 일반 대중이 사용하기에는 비싼 가격과 사용의 불편함 때문에 적당하지 않았다. 하지만 스마트폰은 전문가가 아닌 일반 유행 대중이 시용하기에 장애가 될 만한 것들을 모두 제거했다. 가격, 통화, 디스플레이 등이 완전하게 대중의 요구를 해결해 캐즘을 뛰어넘은 것이다. 완전완비제품이란 최첨단 제품이 아니라 사용상의 걸림돌을 모두 제거한 제품이다.

웨어러블 스마트기기 그리고 사물인터넷IoT은 최근 각 글로벌 IT 기업들이 최신 기술 역량을 집결하고 있는 분야다. LG전자에서는 세계 최초로 상용화된 플렉서블flexible 스마트폰을 출시했고, 애플과 삼성전자에서도 스마트 워치를 내놓으며 웨어러블 시대가 도래할 것임을 천명했다. 하지만 웨어러블 스마트기기는 현재 캐즘을 넘지 못하고 있다. 모든 기술이 완료되었지만 배터리 성능과 통신 기술이 장벽으로 작용하고 있다. 장벽이 완벽히 제거되고 모든 기술이 일정 수준을 넘지 않으면, 결국 뜨내기 고객만 구매하고 만다. 고객의 요구에 맞는 기술 조합에 의해 완전완비제품이 탄생해야 시장의 폭발을 일으킨다.

완전완비제품의 성공을 위한 기본 요소: 타이밍과 타기팅

방탄소년단 이전의 K팝은 미국의 비주류 인종인 아시아인과 히스패닉에게만 한정적으로 인기 있는 서브컬처였다. 그 서브컬처가 메인스트림으로 들어올 수 있었던 것은 모든 것을 적당히 갖춘 완전완비제품 '윙스' 앨범을 출시하고부터다.

과거 K팝 아이돌의 음악 장르는 댄스곡 일색이었다. 영미권 음악의 트렌드는 라틴팝과 EDM 위주로 흘러가고 있는데 K팝은 댄스 음악 하나로 국내와 아시아 시장을 공략하고 있었다.

방탄소년단은 K팝의 장점을 살리면서 영미권 트렌드에 맞춘 음악을 시도했다(이러한 특징은 현재 많은 K팝 그룹이 시도하고 있다). K팝을 제3세계 음악 취급하던 영미권 팬들은 흑인 리듬의 힙합과 EDM을 결합한 비트에서 익숙함과 안정감을 느낄 수 있었다. 그러면서 K팝 특유의 칼군무를 조화시킨 방탄소년단의 퍼포먼스에 쉽게 빠져들었다.

방탄소년단은 K팝의 기본에 충실하며 장점을 충분히 활용했다. 그동안 해외 시장에 비해 국내 시장에서 많이 앞서나갔던 랩, 칼군무, 퍼포먼스, 뮤직비디오 등의 역량을 모두 그들의 음악에 녹여냈다. 물론 방탄소년단은 많은 노력을 기울였고 실력도 높았지만, 다른 K팝 그룹보다 독보적으로 뛰어난 것은 아니었다. 그보다, 해외 시장에 적합한 실력을 구비하고 해외 시장의 타깃 메인 팬에게 접근할 수 있는 익숙한 멜로디를 사용한 것이 완전완비제품을 만들 수 있었던 비결이었다.

방탄소년단의 성공 요소인 타이밍, 타기팅, 완전완비제품은 동시에 갖춰야 하는 요소다. 예를 들어 어느 K팝 그룹이 힙합과 EDM을 결합한 완전완비제품을 만들었다고 해도 타이밍이 맞지 않거나 타깃 집단 고객이 충분히 달구어져 있지 않은 경우에는 절대 시장의 폭발은 일어나지 않는다. 거시적 시장의 흐름을 보거나 팬과의 소통 노력은 완전완비제품의 성공을 위한 기본 요소다.

완전완비제품이 시장에 나오는 경우, 그동안 시장에서 반응하지 않았던 대중 고객군이 반응하기 시작한다. 그중 가장 빨리 반응하는 스니저들은 품질과 가격에 매우 엄격하고 합리적으로 구매한다. 방탄소년단의 아시아 팬들은 인터넷에 널린 방탄소년단 콘텐츠를 거의 무제한으로 이용(소위 '덕질')했으며, 보상 심리의 개념으로 음원에 기꺼이 투자했다. 스니저 고객군이 반응하면 이를 추종하는 그들 주변의 일반 대중들이 이들을 믿고 연쇄 구매를 일으킨다. 이렇게 캐즘을 넘어 성장 시장이 시작된다.

고객이 진짜로 원하는 게 뭘까?

그러면 방탄소년단의 메인 팬덤인 아시아 지역 청소년 팬의 니즈를 어떻게 맞춰야 할까? 무엇이든 최고가 되도록 열심히 노력하는 방법밖에 없을까? 아이돌 멤버도 인간인 이상 시간과 노력에는 한계가 있다. 기획사도 자본과 마케팅 영역에 한계가 있다. 이를 고려해 현실적으로 기업이 나아가야 할 방향을 정하게 된다.

기업에서는 다양하고 많은 일을 한다. 남들이 하는 활동은 다 하려 들고, 수많은 일을 하나도 빠짐없이 하려고 노력한다. 하지만 수행이 지체되고 일이 산만하게 진행되는 경우가 많다. 전략 방향이 명쾌하게 정립되지 않으면 담당자들은 확신이 서지 않는다. 기업 활동 수행에 앞서 전략 수립이 필요하다. 고객은 무엇을 원하는가? 아무리 복잡해 보이는 상황이더라도 프레임워크에 기반해 하나의 요소씩 고민해보면 원인을 찾을 수 있다. 여기서는 고객의 전략 커브 프레임을 알아보도록 한다.

일단 전체 고객을 유의미한 분류로 세분화를 한다. 그 후 기업의 전략에 맞게 타깃 고객이 정해지면 각 요소별 타깃 고객의 기대 수준을 정한다. 이를 전략 커브라고 하는데, 해당 고객이 원하는 수준에 도달하지 못하는 경우Pain Point 그것을 해결할 때까지 자원 배분에 총력을 다한다. 타깃 고객의 기대 수준에 맞추지 못한다면 포기하고 전략을 새로 수립해야 한다.

다음의 그래프에서 볼 수 있듯이 고객 유형별로 K팝 그룹에 기대하는 요소별 기대치가 다르다. 어떤 고객은 가창력 위주로 구매와 관심을 표명하고 어떤 고객은 퍼포먼스 혹은 팬과의 소통으로 그 그룹을 판단하기도 한다. 모든 부문에서 완벽하게 잘한다고 하면 문제가 되지 않지만, 이는 현실적으로 불가능하다. 따라서 전략적 의사 결정을 내려야 한다.

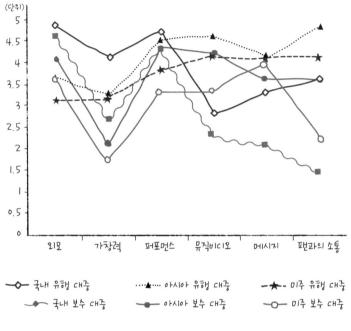

K팝 고객의 전략 커브

(단위)

외모　가창력　퍼포먼스　뮤직비디오　메시지　팬과의 소통

—◇— 국내 유행 대중　　…▲… 아시아 유행 대중　　—★- 미주 유행 대중
　—●— 국내 보수 대중　　—●— 아시아 보수 대중　　—○— 미주 보수 대중

출처: 벨류매니지먼트그룹(2018)

　국내 시장을 타깃으로 한다면 주로 외모와 가창력, 퍼포먼스 등 기본적인 방송 활동에서의 역량을 높이도록 최선을 다해야 한다. 또한 국내 보수 고객을 타깃으로 한다면 외모와 퍼포먼스, 뮤직비디오에서 승부를 보고 광고나 방송 활동으로 수익화를 해야 할 것이다. 그러나 방탄소년단과 같이 아시아와 미주 지역의 유행 대중을 타깃으로 한다면 외모, 가창력보다는

뮤직비디오 제작에 힘쓰고, 팬과의 밀착에 온 힘을 다해야 한다. 그들의 K팝에 대한 기대와 경험치는 아직 크지 않으며 방탄소년단의 기본 실력만으로도 충분히 그들을 사로잡을 수 있기 때문이다.

차별화보다는 기본에 충실하라

성장 시장에 돌입하게 되면 무난한 제품으로 고객을 확장하는데 최선을 다해야 한다. 굳이 콘셉트의 변화를 가져오거나 개선된 모습을 보이기 위해 노력할 필요가 없다.

자동차 왕 헨리 포드Henry Ford는 1908년 'T형' 자동차를 생산하며 "앞으로 포드라는 상표를 붙인 자동차는 모두 똑같은 모양, 똑같은 성능, 똑같은 색깔을 갖게 될 것이다."라고 선언했다. 부유한 고객들의 요구를 충실히 반영해 다양한 색상과 디자인, 기능을 갖춘 자동차를 제작하던 당시 자동차 업계에서는 이해하기 어려운 발상이었다. 많은 전문가들이 포드가 망하려고 작정했다고 생각했으며, 동업자인 맬컴슨Alexander Malcomson 조차 포드 주식을 팔고 회사를 떠났다.

포드는 고객의 사소한 요구를 모두 무시하고 획일화된 T형 자동차의 대량 양산에 들어갔다. 결과적으로 시장은 T형 자동차에 폭발적으로 반응했다. 출시 5년 만에 지구상의 자동차 100대 중 68대를 포드의 T형 자동차가 차지했으며, "미국의 자동차 시대를 열다."라는 말이 있을 정도로 자동차의 대중화를 이끈 눈부신 성과를 냈다. 그렇다면 차별화를 포기하고 획일적인 제품을 밀어붙여 성공을 거둔 비밀은 무엇일까?

'차별화'는 현대의 대부분 기업이 추구하는 바다. 고객에게 어필하기 위해 차별화 포인트를 강조하고 차별화된 제품과 서비스를 내세운다. 이러다 보니 '차별화'라는 단어를 '우월함'으로 혼동하는 우를 범하기도 한다. 차별화가 무조건 좋은 것으로 인식하는 것은 매우 위험하다. 차별화는 나의 제품을 다른 제품들과 다르게 만든다는 것이다. 이러한 행위에는 다른 제품이 해결하지 못하는 특정 니즈가 존재한다는 전제가 깔려 있다. 하지만 언제나 다른 특정한 니즈가 존재하는 것은 아니며 아직 기본 니즈가 산더미처럼 쌓여 있을 수도 있다. 신발 재고 부족으로 난리가 난 코앞의 시장을 두고 '맨발의 아프리카 부족에게 신발을 파는 것이 마케팅'이라며 신발을 안 신는 사람에게 신발을 팔려는 상황이다.

"고객은 자동차를 타고 싶을 뿐이다. 어떤 자동차인지는 중요치 않다." 포드는 간략하게 성장 단계의 법칙을 말했다. T형 자동차를 생산할 당시, 대중이 원했던 것은 개인적 취향이 반영된 비싼 자동차가 아닌 그냥 저렴한 '자가용 탈 것'이었다. 부자들의 전유물이었던 자동차를 일반 대중들도 타고 싶다는 니즈가 충만해 있었다. 이런 시기에는 수요가 공급을 초과하는 현상이 나타나므로 공급에 전력을 다해야 한다. 부자들의 잔소리에 하나하나 신경 쓸 필요가 없었던 것이다.

과거 다양한 자동차가 나왔던 시기는 K팝이 한국과 아시아 지역에 한정된 시장을 가지고 있었을 때와 같다. 이때 국내 시장에는 다양한 콘셉트의 아이돌 그룹이 쏟아졌으며 저마다 개성을 내세우고 차별화하는 데 최선을 다했다. 방탄소년단이 미국 팝 시장에 진출한 현재는 K팝이 이제 막 성장 단계에 오른 시점이다. 이제는 기본을 갖추고 고객을 확장하는 데 주력해야 할 것이다. 차별화는 필요 없다.

포드의 'T형' 자동차처럼 현재 미국 시장의 보수 대중 고객은 'K팝'이라는 것을 경험하고 싶을 뿐이다. 어떤 K팝인지는 중요하지 않다. 이러한 대중 고객은 방탄소년단이 사소한 차별화를 추구하기를 바라지 않으며 다른 K팝 그룹보다 더 나은 퀄리티를 내기를 기대하지는 않는다. 아마도 그들은 한국 아이돌들의 얼굴을 구분하기도 어려울 것이다. 그저 적당히 무난하고 적당히 익숙한 K팝을 원한다.

지금 세계 시장에 진출하는 아이돌 그룹은 차별화에 힘을 쏟기보다 기본에 충실한 K팝을 소개하는 것이 바람직하다. 그리고 세계의 팬들이 공감할 수 있는 많은 인터넷 콘텐츠나 팬과의 진심 어린 소통이 더 중요할 것이다.

Summary ❸
완전완비제품

● 방탄소년단이 음악, 퍼포먼스, 외모, 영상 등 모든 면에서 완벽히 뛰어나
서 성공한 것은 아니며, 다른 K팝 아이돌들의 실력이 부족해서 세계 무대
에서 실패한 것도 아니다.

● 완전완비제품은 도입기 시장을 넘어 성장 시장으로 가기 위해 대중 고객
에게 선보이는 제품으로 고객이 원하는 요소를 모두 갖춘 제품이다. 그러
나 이 제품은 모든 것이 최고일 필요는 없다. 제품의 장애를 모두 제거하
는 것이 보다 중요하다.

● 과거 K팝 아이돌의 음악 장르는 댄스곡 일색인 데 반해 방탄소년단은 영
미권 트렌드에 맞춘 음악을 시도했다. K팝의 기본에 충실한 실력과 익숙
한 멜로디를 사용한 것이 북미 고객에게 완전완비제품이 되었다.

● 모든 면에서 최고인 제품은 없다. 기업의 타깃 고객에게 제품의 각 요소
별 기대 수준을 찾고 고객이 원하는 수준에 도달하도록 자원 배분에 총력
을 다해야 한다.

● 완전완비제품으로 성장 시장에 돌입하게 되면 무난한 제품으로 고객을 확
장하는 데 최선을 다해야 한다. 차별화는 필요 없다.

CHAPTER 04

초연결사회의 네트워크 마케팅
방탄소년단은 플랫폼이다

팬들이 방탄소년단에게 붙인 별명 중 하나가 '혜자소년단'이
다. 앨범을 발표하고 활동하지 않는 기간에도 다양한 자체 제
작 콘텐츠를 무료로 배포하는 '혜자스러운(인심이 좋다, 또는 가
성비가 좋다는 의미)' 모습을 보이기 때문이다. 예를 들어, 유튜
브 채널 '방탄TV'에는 그들의 활동 비하인드 영상 '방탄밤'과 각
종 활동 영상들이, 블로그에는 멤버 개개인의 일상에 대해 말하
는 '로그'가 비정기적으로 올라온다.

　방탄소년단은 데뷔 초부터 SNS를 적극 활용해온 덕분에 유
튜브, 트위터 등에 어마어마한 양의 콘텐츠들이 산재되어 있다.
한국의 방송을 시청하기 어려운 해외 팬들도 큰 수고 없이 '덕

질(자신이 좋아하는 연예인에 심취하여 그와 관련된 것들을 수집하거나 찾아보는 행위)'이 가능하다. 여기에 팬들이 직접 영상과 사진을 재편집하여 2차 저작물까지 올리는 바람에 여타 K팝 아이돌들이 따라올 수 없는 방대한 콘텐츠를 쌓아놓게 되었다. 즉, 방탄소년단에 관심을 갖게 되고 관련된 영상을 찾아보다 보면 파도 파도 끝이 없이 나와 헤어나올 수 없는 지경에 이른다. 마찬가지로 이 과정에서 팬들은 방탄소년단의 매력에서 헤어나올 수 없게 된다.

방탄소년단이 왜 '플랫폼'인가

방탄소년단은 한국 메이저 방송에 출연 기회가 적었던 탓에 콘텐츠를 인터넷에 무료로 쏟아냈다. 한국의 방송들은 저작권이 걸려 있어 계약이 되지 않은 비공식 채널에 노출되면 전부 삭제하도록 되어 있다. 그러나 방탄소년단의 자체 제작 콘텐츠는 저작권이 없으니 인터넷에서 자유롭게 이용하고 배포할 수 있었다. 실제로 데뷔 연차에 비해 한국 텔레비전이나 라디오 등 방송 출연이 상당히 적으며, 이마저도 해외에서 인기를 얻은 뒤에야 출연한 것이 대부분이다.

대형 기획사의 톱스타 아이돌의 방송 자료는 찾기도 힘들고 비용을 지불해야 하기 때문에 마음 놓고 덕질하기 힘들었지만, 방탄소년단의 무료 콘텐츠는 아이러니하게도 해외 팬들에게 덕질할 요소가 무궁무진한 신세계가 되었다. 초기에는 뮤직비디오로 방탄소년단을 접하면서 흥미를 가지게 되고, 점차 유튜브 개인 방송으로 본격적인 팬이 되며, 그 이후 팬이 직접 콘텐츠를 제작하고 방탄소년단과 소통하는 입덕[들입(入)과 덕후(오타쿠와 같은 마니아)의 합성어, 연예인을 접한 후 빠져버려서 더 이상 그것에서 빠져나오지 못한다는 의미] 루트가 생겨났다.

이러한 혜자소년단의 행보는 결과적으로 플랫폼 장악이라는 현대 사회의 가장 중요한 결과를 얻게 된다. 현대 사회는 플랫폼 사회다. 현대의 모든 테크 기업들은 고객의 눈과 귀를 잡는 데 온 힘을 다하고 있다. 고객의 시간을 장악하고 접하는 통로를 얻은 기업이 결국 모든 수익을 가져가기 때문이다. 방탄소년단은 글로벌 K팝 팬에게 하나의 플랫폼으로 작용한다. 글로벌 청소년, 특히 소수 집단 고객들은 세계적 공감대를 통해 하나로 뭉치고자 하는 열망이 있었다. 그들은 방탄소년단이라는 구심점을 통해 한자리에 모여 공감대를 마음껏 발산했다. 이것은 단순히 방탄소년단이 열심히 만들어놓은 콘텐츠 때문만은 아니다. 그 콘텐츠 외에도 팬들과의 소통, 팬과 팬 사이의 소통, 2차, 3차 콘텐츠 등이 시너지 효과를 낸다. 방탄소년단은 현대 플랫폼 기업의 가장 모범적인 사례를 보여준다.

방탄소년단은 이러한 플랫폼을 구축하기까지 앞서 설명한 타이밍, 타기팅, 완전완비제품을 갖추고 마지막으로 화제성 전파에 온 힘을 쏟았다. 세계 시장에 형성된 네트워크를 최대한 이용해 도미노를 끝까지 쓰러뜨리는 데 성공했다. 이것은 현대의 플랫폼 기업인 아마존이나 페이스북이 걸어왔던 방식과 유사하다. 방탄소년단이 인기를 얻고 입소문을 타서 세계를 정복할 때까지 어떠한 과정이 있었을까? 이것을 경영학적 관점에서 살펴보기로 한다.

스타와 팬은 갑을 관계?

오늘날은 소비자에게 더 가까이 다가가는 기업만이 승리한다. 소비자에게 가까이 간다는 것은 더 많은 소통과 공감대를 형성한다는 것이다. 마찬가지로 K팝 그룹의 팬 문화도 변화했다. 일방적이고 맹목적으로 스타를 옹호하는 사생식 팬의 역할은 끝났다. 그 이유는 오늘날 생산-소비 관계의 거대 흐름은 양방향 소통이며 일방통행이 아니기 때문이다.

오늘날의 팬과 아이돌 스타의 관계는 이전과는 판이하게 다르다. 팬들은 본인의 삶도 꾸려나가면서 취미로 아이돌을 지지하며 건설적인 방향으로 팬과 아이돌 서로에게 도움이 되도록 활동한다.

오늘날 전 세계의 청소년층은 물질과 정보의 과잉 시대에 성장기를 보냈다. 부모 세대가 물질을 쟁취하기 위해 치열하게 경쟁해야 했던 것과 달리, 이들은 물질과 정보의 부족을 한 번도 경험해보지 못했으며 오히려 늘 선택해야 하는 입장이었다. 한정된 자원에서 최선의 결과를 얻기 위해 능동적으로 선택하는 습관을 자연스럽게 갖게 되었다. 또한 현대의 청소년은 평등한 온라인 사회에서 자라온 특성상 사회적인 가치를 중시한다. 각자 뚜렷한 주관을 가지고 있으며 이를 기준 삼아 적극적으로 사회에 참여하는 특징이 있다.

스타를 대할 때도 이들은 각종 사건사고에 예민하며 아이돌의 태도나 말투, 방송에서의 프로의식 등을 중요하게 바라본다. 만약 팬의 입장과 반하는 부분이 생길 경우 예전보다 더 날카로운 잣대를 들이밀며 보이콧을 선언하기도 한다. 즉, 아이돌 그룹이 갑이고 팬들이 을이었던 관계는 오늘날에 와서 완전히 뒤집어졌다.

국내의 가요 시장은 아이돌이 끊임없이 쏟아져 나오고 기획력과 자본을 갖춘 대형 기획사에서 주력으로 키우는 가수들이 바통 터치하듯이 계속해서 인기를 이어가는 흐름이 생겨났다. 그러나 중소 기획사 소속인 방탄소년단은 이 흐름에 동참할 수 없었다. 그렇다고 방탄소년단은 북미 시장을 목표로 한 것도 아니었다. 북미에서 인기도가 처음부터 높지도 않았으며 이제 겨우 떠오르고 있는 상태다. 유일하게 기댈 수 있는 부분은 동남아시아의 팬덤이었다. 방탄소년단은 팬과의 '소통과 공감'을 통해 현대 팬-아이돌 문화의 이상적인 관계를 형성했다.

—

팬과의 '소통'

방탄소년단은 데뷔 초부터 SNS와 영상 플랫폼을 중심으로 전 세계 팬들과 활발한 커뮤니케이션을 이어왔다. 방탄소년단은 데일리룩, 셀피 등 개인적 이야기의 콘텐츠부터 V앱에서의 '달려라 방탄' 등 총 25개의 채널을 보유한 소셜미디어 '방탄TV' 등 수많은 방송 콘텐츠까지 인터넷과 미디어를 이용해 적극적으로 팬과 소통했다. 이렇게 축적된 콘텐츠는 비활동 기간에도 팬들의 이탈을 막을 뿐만 아니라 팬덤의 규모를 더 증가시킨 원천이 되었다. 방탄소년단은 상을 수상할 때마다 큰 목소리로 "아미!"

라고 외치며 팬 사랑을 표현한다. 심지어 빌보드 시상식 당시에도 대부분 가수들이 애프터 파티에 참석했던 것과 달리 방탄소년단은 숙소로 돌아와 V라이브로 팬들과 소통했다. 이러한 소통의 노력은 닫혀 있던 팬들의 마음을 열었으며 꾸준히 콘텐츠로 쌓여 관계를 지속할 수 있게 했다.

—

팬과의 '공감'

방탄소년단은 "나도 그래."라는 화법으로 팬들에게 위로의 메시지를 전한다. 다수의 노래를 통해 자신들 역시 나약한 존재임을 드러내며 '함께 이겨내보자'고 팬에게 위로와 격려를 보낸다. 방탄소년단의 〈매직샵Magic Shop〉이란 곡은 2017년 개최된 콘서트에서 RM이 했던 발언을 주제로 만든 팬들을 위한 노래다. 당시 RM은 "내 꿈은 아직 제자리인데 너희들은 멀리 가는 것 같아서 마음이 뒤숭숭하다고 하는 편지를 많이 받고 있다. 저희도 저희를 믿지 못했으며, 저희를 알아봐주신 여러분들이라면 분명 할 수 있다. 여러분의 꿈, 삶에 저희들의 존재와 음악이 힘이 될 수 있다면 저희의 존재 가치는 충분하다."고 말하며 팬과 공감을 나누었다.

방탄소년단의 이러한 소통과 공감의 노력은 소비의 시대에 가장 중요한 소비자의 신뢰를 얻었다는 점에서 큰 의의가 있다. 이는 뒤에 설명할 플랫폼의 선순환으로 이어진다.

나이키의 가장 큰 경쟁자는 닌텐도

방탄소년단이 다른 아이돌에 비해 TV에 자주 출연하지 않았다고 해서 신비주의를 고집한 것은 아니다. 방탄소년단은 더 홀가분하게 모든 것을 내려놓고 팬들과 소통하기 시작했다. 방탄소년단의 팬들이 주로 청소년인 만큼 주요 소통 창구를 온라인에 집중했다. 멤버들의 사사로운 일까지 인터넷에 올리고 팬들의 의견을 얻으며 멤버들과 소통했다. 콘텐츠가 쌓이면서 팬들은 방탄소년단과 더 많은 경험을 할 수 있었고, 재편집 콘텐츠를 매개로 팬들 간의 소통이 일어나면서 팬덤의 활동성이 선순환을 타게 되었다. 팬들의 활동이 급속도로 많아지고 결속력이 커지면서 방탄소년단을 지탱하는 힘도 커졌다. 방탄소년단을 세계 무대로 밀어주는 힘의 원천은 팬들의 참여도(시간과 노력)에서 나온다.

이것은 현대 비즈니스의 중심이 되는 플랫폼과 유사하다. 사람은 시간과 노력을 들일수록 플랫폼에 종속되어간다. 이에 관

련해 소비자 지향 비즈니스를 추구하는 나이키의 사례를 알아
보자.

세계 1위의 스포츠용품 업체인 나이키는 성장률이 둔화되기
시작하자 이에 대한 대응으로 닌텐도, 소니, 애플 등을 새로운
경쟁 상대로 규정했다. 자사 고객이 여가 시간을 사용하는 행
동을 관찰했는데, 최근에 고객은 스포츠보다 쉽고 자극적인 비
디오게임이나 엔터테인먼트를 선택함으로써 나이키(스포츠)가
경쟁에서 밀렸던 것이다. 나이키는 고객의 관점에서 여가 시간
을 차지하는 활동을 나이키의 경쟁 상대로 규정했고, 이를 토대
로 경쟁 기업을 정의했다. 그 결과 닌텐도의 비디오게임이 경쟁
대상인 것으로 드러난 것이다.

현대 플랫폼 경영 환경에서 얼마 안 되는 고객의 여가 시간
을 차지하면 그 결과는 언젠가 수익으로 나타난다. 방탄소년단
의 경우도 마찬가지다. 팬들의 노력과 시간을 차지하면 언젠가
그 결과가 성과로 나타나며 수익으로 돌아온다. 현대의 플랫폼
경영 환경에서는 고객의 여가 시간을 쟁취할 필요가 있다. 수
익화는 나중의 문제다. 방탄소년단은 음악과 직접적인 관련이
없는 엔터테인먼트 콘텐츠를 제작했으며, 나이키는 다양한 스
포츠 활동을 후원해 사람들의 관심을 이끌어냈다. 결국 두 사례
모두 고객의 시간과 노력을 획득하는 데 성공했다.

플랫폼은 소비자가 주인이다

팬들의 '덕질'은 방탄소년단이라는 플랫폼을 선순환시키는 데 필수적인 요소다. 방탄소년단은 SNS를 적극 활용해 꾸준히 팬들과 소통하며 이들이 즐길 만한 화젯거리와 볼거리를 끊임없이 제공했다. 실제로 방탄소년단의 열성 팬들은 자신들의 '입덕' 계기로 멤버들이 실시간으로 제공하는 콘텐츠를 꼽는다. 방탄소년단 멤버들은 유튜브와 트위터 등을 통해 해외 활동 중이거나 활동을 쉴 때도 자신들의 일상을 공유한다. 방탄소년단의 부지런함 덕분에 팬들은 심심할 틈이 없었다. 이들은 영상을 복습하고, 또 재가공해 2차 편집 영상을 생산하며 '덕질'을 이어나갔다. 이 과정에서 팬덤의 결속력은 더 강해져갔다.

관련 콘텐츠에 빠져드는 고객들은 무의식적으로 방탄소년단에게 호감을 갖기 시작했으며 점차 충성 고객으로 발전했다. 결국 방탄소년단은 장기적으로 고객 소비의 과실을 고스란히 수확할 수 있을 것이다. 고객의 관심과 시간을 사로잡으면 수익을 내는 일은 수월해진다. 따라서 고객의 시간(트래픽)을 뺏는 것은 무엇보다 중요하다.

우리는 생산의 시대를 마치고 소비의 시대에 돌입했다. 소비의 시대에는 얼마나 소비자의 생활 깊숙이 들어가느냐에 따라 성패가 갈린다. 따라서 소비자의 요구에 부합하여 그들의 관심을 뺏는 것이 점차 중요해진다. 고객을 상대로 당장 수익을 내기보다는, 본질적인 비즈니스와 전혀 관계없는 부분이더라도 고객의 관점에서 중요한 부분을 건드려주고 해결해주려는 노력이 필요하다. 방탄소년단의 고객에게 필요한 것은 따뜻한 말 한마디와 친근한 옆집 오빠 같은 편안함이다. 멋진 옷치장과 화려한 퍼포먼스는 그다음의 문제다.

생산 과잉 시대를 살고 있는 현대의 소비자는 많은 옵션을 비교하고 검토한 후 구매를 결정한다. 상품이 소비자의 선택을 받기까지는 많은 경험을 필요로 하며 브랜드가 머릿속에 자리잡히기까지는 필연적으로 시간이 걸린다. 방탄소년단이 전 세계 팬들의 마음을 얻은 것은 장기적 관점에서 소비자 중심의 신뢰 확보에 힘썼기 때문이다.

과거에 연예계의 스타는 방송사와 기획사, 즉 거대 자본 간의 합작품으로 만들어졌다. 일종의 생산자 위주의 밀어내기식 푸시 마케팅Push Marketing이 가능했다. 그러나 지금은 이러한 자본력만으로는 한계가 있다. 생산자와 소비자의 위상이 뒤바뀌었다. 소비자가 직접 마음을 먹어야 콘텐츠도 생산하고 활동도 늘린다. 그것은 돈으로는 해결되지 않는 요소다. 실질적으로 팬들의 활동을 늘려야 하며 그러기 위해서는 마음을 얻어야 하고 장기간의 소통과 결과물(콘텐츠)이 있어야 한다. 이것이 현시대에 소비자가 직접 만들어가는 플랫폼이다.

마케터라면 반드시 주목해야 할 시장, 2차 콘텐츠

그렇다면 방탄소년단은 어떻게 성공적인 플랫폼을 구축할 수 있었을까? 단순히 콘텐츠만 많이 만들어낸다고 플랫폼이 선순환에 오를 수 있을까?

방탄소년단은 2차 콘텐츠라는 성장 트렌드를 잘 이용해 지금의 방대한 플랫폼을 건설할 수 있었다. 이들은 쟁쟁한 기획사가 버티고 있는 경쟁이 치열한 레드오션(메이저 방송)에서 경쟁할 힘이 없었다. 그래서 본의 아니게 경쟁이 덜 한 블루오션(성장 시장)에 집중하게 되었는데, 방탄소년단이 뛰어든 (엄밀히 말해 방탄소년단의 팬이 뛰어든) 시장은 재편집 콘텐츠, 리액션 콘텐츠 등 2차 콘텐츠 시장이었다. 이 시장은 성장 시장이다.

오늘날의 사회는 개인 편집 기술이 발달하고 스마트폰과 네트워크 기기가 늘어났으며 SNS, 콘텐츠 서비스 등의 산업이 거대해졌다. 거기에 디지털 원주민으로 일컫는 밀레니얼 세대가 본격적으로 사회에 뛰어들면서 2차 콘텐츠 시장은 급격히 성장했다. 종합적으로 봤을 때, '팬들이 직접 참여하는 시장'이 성장한 것이다. 그 성장 시장의 시류에 함께하기 위해서는 일정 기간의 시간이 필요하며 열심히 불을 지피는 노력이 필요하다.

방탄소년단의 꾸준한 팬들과의 소통 노력은 성장 시장에서 큰 시너지를 얻었다. 2차 콘텐츠 트렌드는 네트워크를 타고 팬덤을 확대하는 데 결정적인 역할을 했다.

비즈니스에서도 마찬가지로 성장 트렌드를 인지하고 그 안에 들어갈 수 있는 요건을 검토하는 것은 매우 중요하다. 샤오미의 레이쥔雷軍 회장은 "태풍의 길목에 서면 돼지도 날 수 있다."라는 말을 하며 성장 시장의 중요성을 역설했다. 유럽의 석유 회사인 로열더치셸의 전 CEO였던 로 판 바험이 말한 신사업 성공의 비결도 '거인의 어깨에 올라타는 것'이었다. 기업이 아무리 열심히 노력하고 뛰어난 경영을 수행한다고 해도 기업이 속한 시장, 산업의 거대 흐름을 거스를 수는 없다. 성공을 원한다면 '성장하는 시장에 뛰어드는 것'처럼 확실하고 쉬운 방법도 없다.

방탄소년단 멤버들은 각자 스스로 고민해 음악과 춤, 퍼포먼스를 고안하고 협업해서 최종 결과물을 만든다. 이러한 작품들은 전 세계 팬들과의 연대를 통해 무한 확장된다. 방탄소년단의 팬은 단순히 일방적으로 음악을 소비하는 팬을 넘어 콘텐츠를 생산한다. 첫 번째는 한국어로 된 콘텐츠를 각 나라의 언어로 번역한 영상, 두 번째는 재미있는 콘텐츠만 모아 재생산한 영상, 마지막은 뮤직비디오 또는 공연을 보는 해외 팬들의 반응을 촬영한 리액션 영상이다.

방탄소년단이 글, 음악, 영상을 올리면 단 몇 시간 내에 세계 각국의 언어로 번역되어 자막이 올라온다. 세계 각국에 맞게 메시지를 해석하고 이를 토론하는 편집이 활발하게 일어나는 것이다. 그보다 더 중요한 것은 노래와 춤의 커버 버전(따라 하기), 뮤직비디오 재편집 등의 새로운 콘텐츠다. 스마트폰, 네트워크 환경 등 기술의 발전과 트위터, 유튜브, V앱과 같은 SNS 웹서비스의 확대, 그리고 편집 소프트웨어, 믹싱 기술 등 소프트웨어의 발전이 유기적으로 결합해 가치를 공유하고 소통과 재생산의 선순환이 이뤄진다. 이러한 재생산 콘텐츠 중 현대 비즈니스 트렌드에 중요한 것이 리액션 콘텐츠다. 번역이나 콘텐츠 재조합은 과거에도 꾸준히 있었던 활동인데 비해, 리액션 콘텐츠는 공감을 바탕으로 고객 확장의 원동력이 되고 있는 최근의 중요한 비즈니스 트렌드이기 때문이다.

어서 와, 리액션 콘텐츠는 처음이지?

2017년부터 시작된 MBC에브리원의 프로그램 〈어서 와 한국은 처음이지〉는 지금까지도 매우 큰 인기를 얻고 있다. 이 프로그램은 공전의 히트를 기록하며 2018년 한국PD대상 '작품상'을 수상하기도 했다. 이 프로그램은 최근 유튜브 등 온라인에서 뜨거운 인기를 얻고 있는 '리액션 콘텐츠' 중 다양한 한국 문화를 접한 외국인들의 반응 영상의 케이블 방송용 버전이다.

리액션 콘텐츠는 어떠한 콘텐츠에 대한 사람들의 반응을 담은 영상물을 말한다. 초기 리액션 콘텐츠는 사용자가 특정 비디오를 시청하고 그에 대해 발언하는 자신의 모습을 촬영해 배포하는 콘텐츠에서 시작했다. 〈어서 와 한국은 처음이지〉는 5분 내외로 이루어진 짧은 온라인 콘텐츠와 달리 긴 호흡에 깊이가 있는 '리액션 콘텐츠'다. 2007년경 〈2 girls 1 cup〉이라는 제목의 영상에서는 사람들의 반응을 촬영한 영상들이 다시 유튜브에서 폭발적으로 유통되었다. 친구, 부모님부터 각계각층 인사들의 반응까지 이렇게 파생된 리액션 콘텐츠는 그해 가장 뜨거운 관심을 받은 동영상으로 선정되었다. 이후로 유튜브의 바이럴 비디오Viral Video 열풍을 타고 하나의 장르로 자리 잡았다.

주로 유튜브를 통해 유통되는 이 리액션 콘텐츠는 화면 전체에 컴퓨터(영상을 보기 위한)를 쳐다보는 리뷰어의 모습이 나오게 하고 그 옆에 작은 화면을 띄워서 현재 리뷰어가 보고 있는 영상(대부분의 경우 뮤직비디오)을 함께 볼 수 있게끔 한다. 방탄소년단과 같은 K팝 리액션 콘텐츠 리뷰어들 중 대다수가 K팝 팬덤 활동의 일환으로 리액션 콘텐츠 제작을 하고 있기 때문에 화면 곳곳에 "방탄소년단 사랑해요", "I Love K-pop" 등의 문구를 띄워놓기도 한다. 뮤직비디오가 끝나고 나면 작은 화면은 사라지고, 리뷰어는 보는 동안 감상을 하느라 다 하지 못했던 총평을 전한다.

방탄소년단의 공식 뮤직비디오나 공연 영상이 아닌 리액션 콘텐츠로 인해 방탄소년단에 '입덕'하는 팬들이 생기기도 한다. 실제로 한 유명 유튜버가 〈쩔어〉라는 곡의 뮤직비디오를 보고 극찬하는 '리액션 영상' 때문에 해외에서 방탄소년단에 대한 관심이 급격히 늘기도 했다. 유명한 안무 영상은 해외 유튜버 사이에서 재발굴되기도 했는데, 전기에 감전된 것처럼 놀라움으로 영상을 보는 리액션 콘텐츠가 엄청난 화제를 일으키기도 했다. 방시혁 대표도 "방탄소년단이 해외 팬들의 관심을 얻기 시작한 계기는 리액션 콘텐츠 덕분"이라고 할 정도다.

방탄소년단은 전 세계에 폭발적으로 확대되는 리액션 콘텐츠 트렌드를 100퍼센트 활용한 첫 번째 사례다. 단, 비즈니스 관점에서 볼 때 단순히 '리액션 콘텐츠' 자체에 몰입할 이유는 전혀 없다. 중요한 것은 이러한 트렌드가 나오게 된 배경과 원리다. 리액션 콘텐츠의 인기 비결은 공감과 재발견이다. 자신과 비슷한 느낌을 받는 다른 팬들에게 공감하면서 그때 감동의 기억을 되살리고 자신과 감정을 나누며 동질감과 편안함을 느낀다. 점차 그 공감을 바탕으로 자신이 몰랐던 사실들에 대한 발견과 재미에 빠져들게 된다.

리액션 콘텐츠는 과거에 비해 다양성과 공감의 가치가 높아지는 현대에 소비자들의 요구가 맞아떨어지는 분야다. 리액션 콘텐츠는 하나의 유행이지만 그 이면의 거시사회적 원리는 지속된다. 리액션 콘텐츠로 대변되는 현대 경영의 본질은 소비자를 참여시키는 것이다. 소비자들은 참여하고 싶어 하며 공감을 얻고 싶어 한다. 흔히 "악플(악의적 댓글)보다 무서운 것이 무플(댓글이 없음)"이라고 한다. 소비자와의 아무 소통 없이 일방적으로 제품이나 서비스를 제공하는 것은 과거 공급의 시대에는 가능했지만 오늘날 소비의 시대에는 최악의 방법이다. 소비자와 한 번이라도 소통하고 소비자가 한 번이라도 더 활동할 수 있게 하면 언젠가 그 노력은 수익으로 돌아오게 된다.

수익이냐, 플랫폼이냐

방탄소년단의 리더 RM은 "같은 노래를 50번 정도 하면 우리도 모르게 풀어질 때가 있는데, 그러면 '바로 끝'이라고 생각한다."고 이야기했다. 꾸준한 소통으로 팬들과의 유대 관계가 깊어졌음에도 불구하고 방탄소년단은 팬들을 위해 최선을 다한다. 그리고 100퍼센트 라이브와 격한 칼군무로 팬에게 보답한다. 이에 자극받은 방탄소년단의 팬덤 '아미'는 높은 재방문율을 자랑하며 변함없는 신뢰와 지지를 보낸다.

이는 비즈니스 관점에서 봤을 때 매우 비효율적인 방식으로 여겨질 것이다. 대부분의 경영학 교과서에서는 현재의 우량 고객으로부터는 수익을 창출하고, 꾸준히 새로운 고객을 찾아 매출을 증대하라고 나와 있다. 현재의 고객에 최선을 다하는 것은 더 이상 기업이 성장하지 않겠다는 의미이며 이는 경영의 본질에 위배되는 행위다. 그렇다면 방탄소년단의 이와 같은 노력은 어떻게 성공을 거둘 수 있었을까?

플랫폼의 충분한 고객과 콘텐츠의 양이 어느 정도 임계점을 넘으면 그 안에서 자연스러운 재생산 활동이 일어나며 선순환을 타고 점차 그 규모(활동량)가 급속도로 커지게 된다. 이것은 현대 플랫폼 기업들의 주요 사업 전략 중 가장 중요한 '플라이휠Flywheel' 전략이다. 플라이휠 전략이란 자동차의 기계 장치인 플라이휠처럼 동력 없이 관성만으로 회전 운동을 하게 만드는 것을 말한다.

아마존과 같은 플랫폼 기업이 추구하는 플라이휠 전략은 다음과 같다. 일단 비용을 들여 낮은 가격으로 고객을 모은다. 고객이 모이면 판매자가 늘어나고, 판매자가 늘어나면 고정비가 낮아져 효율이 높아지고, 효율이 높아지면 다시 가격을 낮추는 선순환을 만드는 것이다.

이러한 플라이휠을 돌리는 핵심 원리는 타깃 고객층을 꾸준

K팝 그룹의 타기팅 전략

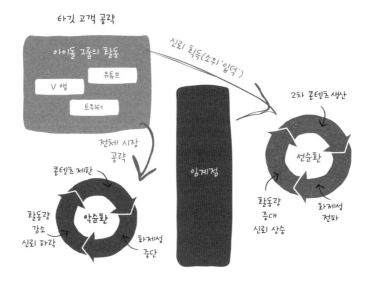

히 공략하는 것이다. 타깃 고객층을 꾸준히 공략해야 임계점을 넘고 선순환 궤도에 오른다. 그렇게 선순환에 오른 플라이휠은 세계적으로 붐을 일으키는 원동력으로 작용한다.

그러나 수익성의 압박을 크게 받고 있는 대부분의 대형 기획사들은 이것이 불가능하다. 대부분의 K팝 그룹들은 상업화를 너무 빨리 해서 일반 대중을 타깃으로 하여 수입을 올리고 초기 고객에게는 소홀하기 마련이다. 꾸준히 팬들이 즐길 만한 콘텐츠를 제공해주고 화제성을 일으켜서 '덕질'의 세계를 열어놔야 하는데, 새로운 시장에 투자하고 돈 되는 사업에 뛰어들다 보니 팬들을 위한 콘텐츠가 줄어든다. 콘텐츠라는 이야깃거리가 없으면 화제성이 감소하고 팬들의 활동량이 감소해 신뢰가 하락하는 악순환에 빠진다. 그 결과 팬덤이 와해되곤 한다.

이는 과거에 큰 인기를 끌었던 국내 소셜 네트워크 시장에서 똑같이 나타났던 현상이다. 우리나라에서 아이러브스쿨(1996년)과 인터넷 커뮤니티 싸이월드(1999년) 등은 페이스북(2004년)보다 각각 8년, 5년을 앞선 소셜 서비스였다. 페이스북보다 훨씬 우수한 서비스와 두터운 고객층을 확보하고 있었음에도 불구하고 이들 기업은 네트워크 확장보다는 수익성에 집중했다. 그러자 단기간의 수익에 매몰된 나머지 고객의 경험을 등한시해 그 헤게모니를 페이스북에 내주고 말았다.

아마존의 매출과 순이익

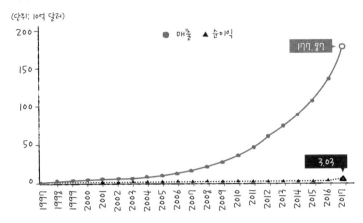

(단위: 10억 달러)

반면 아마존의 경우, 초창기 도서 구매 고객에게만 집중해 이들을 충성 고객으로 만드는 데 최선을 다했다. 그 이후 전자책 단말기인 킨들Kindle을 저가로 공급해 꾸준히 아마존 이북e-book 을 구매하도록 유도했고, 엔터테인먼트와 콘텐츠 서비스를 제공하며 고객 트래픽을 증가시켰다. 도서 구매 고객은 결국 아마존의 충성 고객이 되었으며, 구매 영역 또한 점차 확대되어 아마존 성장의 든든한 기반이 되었다. 아마존은 현재까지도 수익을 추구하지 않는다. 위의 그래프에서 알 수 있듯 영업 이익은 거의 제로에 가까우며 아직도 핵심 고객 관리와 플랫폼 확대에 주력하고 있다. 이와 같이, 플랫폼 기업의 가장 중요한 성공 요소는 '타깃 고객'을 명확히 하고 그들에게 집중해 플랫폼을 활

150

성화하고 선순환에 오르게 하는 것이다.

방탄소년단의 집중적 팬 관리는 아마존처럼 플랫폼 확대를 가능하게 했다. 물론 방탄소년단도 비즈니스 관점에서 언제까지 현재 팬들에게만 집중할 수는 없다. 세계적 그룹이 되면 자원도 분산될 수밖에 없다. 그러나 당시의 방탄소년단의 팬과의 꾸준한 소통은 네트워크 파급 관점에서 바람직한 선택이었다. 방탄소년단은 임계점을 넘어 선순환 궤도에 오르게 되었는데, 이러한 선순환 효과로 인해 콘텐츠 생산 속도가 소비 속도를 앞지르며 한 번 '입덕'하면 헤어나올 수가 없는 정도의 수준에 이르게 되었다.

이러한 선순환의 결과로 방탄소년단이라는 플랫폼은 SNS와 네트워크 기술을 기반으로 북미까지 뻗어나갔다. 비즈니스 관점에서 이러한 초연결사회의 도래에 따른 변화를 반드시 주시해야 할 것이다. 초연결 네트워크의 길을 우리가 걸어가지 않으면 경쟁자가 걸어올 것이기 때문이다.

스토리가 기업의 미래를 결정한다

2018년 일본의 한 엔터테인먼트 기업에서는 방탄소년단을 모방한 7인조 보이 그룹 탄도소년단을 결성했다. 소속사 측은 모두 뛰어난 실력파라고 소개하며 방탄소년단을 뛰어넘을 것이라 자신했다. 그러나 말처럼 쉽지는 않을 것 같다. 방탄소년단의 성공은 그들만의 스토리가 가지는 특별함이 있었으며 그것을 바탕으로 오랜 기간 브랜딩을 해왔기 때문이다.

비즈니스 관점에서 기업의 스토리와 철학이 시장에서 성공하는 데 도움이 될까? 그동안 기업·브랜드의 스토리는 대부분 무의미한 것으로 여겨졌다. 왜냐하면 그러한 노력을 기울이는 데는 오랜 조사 노력, 토의, 시간이 필요하기 때문이다. 뿐만 아니라 일반적으로 팬들은 그 진심 어린 의미와 노력을 알아보지 못하며, 그 진가를 느끼는 데는 오랜 시간이 걸린다. 실제로 많은 아티스트들이 과도한 철학과 자기주장을 담고 꾸준히 어필했지만 대부분 시장의 무관심에 잊혔다. 스토리에 과하게 신경 쓰고 철학적 의미를 담아 팬들에게 전달하려는 노력은 비즈니스 관점에서는 일종의 모험에 가깝다.

그러나 방탄소년단의 진심 어린 스토리는 전 세계 팬들의 공감을 얻었다. 과거에 어수룩한 중소 기획사 신인 때의 영상부터 크나큰 곳에서 대형 콘서트를 하고 해외 투어를 도는 현재의 영상까지 다채로운 변화 과정이 생생하게 찍혀 있다. 그 또한 팬들과 함께 나누었기 때문에 콘텐츠 자체에 그룹 스토리가 선명하게 드러난다. 처음부터 방탄소년단의 테마가 청춘, 젊음, 저항 등이었기 때문에 어수룩하던 신인이 열정과 노력으로 어려움을 헤치고 차차 어엿한 프로 아이돌로 성장해가는 스토리 자체가 그룹 콘셉트와도 맞아 떨어진다.

방탄소년단이 세계 시장의 정상에 선 것은 그들의 시험점수가 높아서도 부모님이 부자여서도 아니다. 새로운 세대는 굳이 부자연스러운 인간관계보다는 자신이 좋아하는 무엇인가에 관심이 많다. 거기에 마음껏 몰입하다가 예상치 못했던 순간, 예상치 못했던 곳에서, 예상치 못했던 형태의 성공을 마주하게 된 것이다. 방탄소년단의 개성과 트렌드가 다양한 출구를 찾으면서 팬들의 호응을 얻었다. 이러한 스토리는 불안감에 방황하는 청소년, 특히 미국 사회의 소수 집단이 열렬히 공감했으며, 많은 팬들은 방탄소년단에 감정이입을 하고 대리 만족을 얻었다. 나아가 방탄소년단은 직접 일상을 공유하고 팬들은 그들 스스로 의견을 피력하고 각종 창의적인 기부를 하며 팬과 아이돌이 함께 대중적으로 인지도를 쌓으며 같이 호흡하며 같이 성장한다. 마치 영화 각본처럼 정교하게 기획된 스토리다. 그렇기에 많은 사람들이 찬사를 보낸다.

이제 이러한 이상적인 스토리텔링이 실제 비즈니스에서는 원리적으로 어떠한 작용을 했는지 짚어보도록 하자.

비즈니스의 시작이자 완성, 스토리

비즈니스 관점에서 기업(브랜드) 스토리의 첫 번째 역할은 입소문을 낼 화제의 제공이다. 재미있는 스토리를 던져주어 고객들이 그에 대해서 이야기하며 그 브랜드가 네트워크를 타고 구석구석으로 퍼지게 하는 것이다.

팬의 입장에서, 처음에 아이돌의 뮤직비디오나 영상을 접했을 때는 스토리나 숨겨진 의미 등은 전혀 알 수 없다. 조금 알려지고 이 아이돌에 애착을 갖기 시작할 때부터 좀 더 자료를 찾아보게 되고 그때서야 비하인드 스토리를 알게 되고 철학과 메시지에 공감하게 된다. 즉, 기업으로 치자면 좋은 상품을 어떻게든 팔고 일단 경험시키는 것이 첫 번째고, 기업의 철학이나 재미있는 스토리는 그다음 네트워크를 타고 확장할 때 성공할 수 있다.

앞에서 언급했던 화장품 브랜드인 키엘은 수분크림으로 성장하게 되었는데, 처음에 판매됐던 이유는 적절한 포지셔닝, 타기팅, 가격이었다. 그다음 단계에서 입소문을 타고 성장할 때에는 브랜드 스토리와 이야깃거리가 큰 역할을 했다. 키엘은 자사의 제품을 그린란드 원정대에게 사용하도록 해서 보습 효과를 검증시켜 '극지방 원정대의 피부 수호자'라는 재미있는 이야깃거리를 제공해 사람들의 입소문을 타게 만들었다. 기업의 철학과 스토리는 네트워크를 타고 전파하는 과정에 사람들이 무엇인가 이야기할 거리를 던져주는 역할을 한다. 방탄소년단의 스토리도 이야깃거리 제공을 통해 입소문의 확산 역할을 충실히 했다. 진솔한 모습과 탄탄한 성장스토리는 네트워크를 타고 입소문을 낼 때 큰 힘을 발휘하며, 팬덤이 흔들리지 않는 든든한 뿌리가 된다.

비즈니스 관점에서 기업(브랜드) 스토리의 두 번째 역할은 구심점이다. 탄탄한 스토리를 구축해놓음으로써 고객들의 의견을 자유롭게 개진하도록 하여 건설적인 방향으로 집단 지성 플랫폼을 선순환하도록 하는 것이다.

방탄소년단의 스토리는 기본적으로 그들의 앨범을 통해 뼈대가 구성된다. 이들의 앨범 수록곡은 따로 노는 것이 아니라 유기적인 연결을 보이며 추상적이기는 하지만 전체적으로 탄탄한 스토리를 가지고 있다. 이를 기반으로 세워진 방탄소년단의 왕국에는 다양한 콘텐츠가 있다. 노래, 춤, 무대, 외모, 멤버들의 인성, 멤버 간 케미, 가치관 등의 콘텐츠가 있다. 거기에 더해 많은 팬들이 재생산한 콘텐츠와 의견들로 집단 지성을 이루고 있다. 인문학, 철학, 과학, 천문학 등을 논하며 방탄소년단과 미래 사회에 대해 의견을 나눈다.『데미안』등의 문학적 스토리가 담겨 있는 부분도 있다. 학구적 성향을 가진 팬들은 방탄 세계관을 보며 지적 욕구를 해소하기도 한다. 이러한 방대한 세계관은 하루아침에 만들어진 것이 아니다. 방탄소년단의 기본 철학에 멤버 각자의 개성에 맞는 관심사를 심도 있게 장기간 다루었기 때문에 이러한 왕국을 건설할 수 있었다.

리좀, 방탄소년단의 철학과 스토리의 결정체

방탄소년단은 가지고 있는 생각과 철학을 솔직하고 깊이 있게 나눈다. 리더 RM을 비롯해 방탄소년단이 '문학돌'이라 불리고, SNS상에서 '방탄권장도서'라는 목록이 떠돌 정도다. 아이돌이 자신만의 이야기를 음악과 영상에 담아내면, 문학적 상상력이 담긴 책을 통해 그 의미가 확장되고, 여기에 팬들이 공명해 저마다 새로운 버전의 스토리를 재생산해내는 새로운 형태의 독서가 이뤄지고 있다. 이러한 방탄소년단 특유의 지식 순환은 일방적으로 춤과 노래를 통해 아이돌을 소비하는 방식에서 벗어나 10대에서 40대까지 다양한 팬층을 확보하는 데 공헌했다.

방탄소년단의 스토리를 팬들은 나름대로 재해석하고 토론하며, 무궁무진한 지적 상상력을 동원해 방탄소년단 집단 지성

왕국을 이룬다. 이는 현대 음악, 영화, 연극 등의 산업에서의 트렌드인 '열린 결말' 기법을 이용한 것이다. 통일성 있는 거대 철학을 다루지만 주인공의 말과 행동에서 중의적으로 해석할 수 있는 여지를 의도적으로 남겨둔다. 고객으로 하여금 숨겨진 보물을 직접 캐내어 더 높은 수준의 지적 희열을 얻게 하는 것이다. 방탄소년단은 플랫폼으로서 기초를 제공하는 역할을 했고 구성원들을 평등한 관계에서 자유롭게 활동하게 하여 집단 지성을 만들었다.

이러한 집단 지성은 집단 철학으로 이어진다. 방탄소년단 왕국에서는 모두가 왕이다. 방탄소년단과 팬은 어느 하나가 중심이 아닌 서로 동등한 친구로서 수평적 관계를 맺고 있다. 질 들뢰즈의 리좀 이론은 방탄소년단의 철학을 대표한다. 리좀은 뿌리 식물인데, 뿌리와 가지로부터 영양분을 받는 수직적 구조인 일반 나무와는 달리 수평적으로 이어지면서 다른 뿌리와 연결하며 함께 성장한다. 이 체계에는 거대 자본이나 미디어 같은 중앙집중형 권력이 존재하지 않는다. 방탄소년단은 블록체인처럼 탈권위와 탈중앙화를 지향하는 플랫폼인 것이다.

방탄소년단 왕국의 수평적 관계는 '우리는 하나'라는 공동체 의식을 형성했다. 그리고 이것은 사회적 약자나 소외된 사람을 끌어안으려는 사회활동으로 이어진다. 방탄소년단은 유니세프에 5억 원을 기부하고 향후 2년간 앨범 수익금의 3퍼센트를 기부하는 협약을 맺었으며, 아동 및 청소년 폭력 근절을 위한 '엔드 바이올런스' 캠페인을 지원하고 있다.

방탄소년단의 팬들은 방탄소년단에게 선물을 하는 것이 아니라 그 선물을 사회에 기부하는 것으로 유명하다. 과거에는 팬들이 연예인에게 선물을 모아주는 일명 '조공' 문화가 있었으나 방탄소년단의 팬들은 사회 기부에 앞장선다. 방탄소년단 콘서트장에서 쌀과 계란을 모아 사회단체에 기부하기도 하고, 아프리카 영양실조 아동을 위한 모금에 수억 원의 모금을 진행하기도 했다. 2018년 태국의 방탄소년단 팬클럽인 BTS 타일랜드와 캔디클로버는 방탄소년단의 데뷔 5주년을 기념해 헌혈 프로젝트를 진행했다. 처음에는 10만cc를 목표로 프로젝트를 시작했으나 목표량을 훌쩍 뛰어넘어 1,500명 이상의 생명을 구할 수 있는 20만 4,000cc를 달성했다.

결과적으로 방탄소년단의 철학과 스토리는 평화를 지향하고 다양성을 존중하는 청소년들의 소망을 실현하면서 그 영향력을 더욱 확대할 수 있었다.

기업의 철학과 스토리는 장기적 관점에서의 투자다. 고객의 입소문과 구심점의 역할을 하며 세계로 뻗어나갈 기초가 된다. 사업의 성격에 따라 차이는 있겠지만 이러한 무형의 투자는 점진적이고 단계적으로 이루어져야 할 것이다. 우선 소비자의 니즈에 맞는 제품과 서비스를 성공적으로 제공하는 기업의 본질에 충실할 필요가 있다. 기업이 경제적으로 생존하는 것이 사회적 기업의 기본이기 때문이다. 이후 단계적인 정체성 확립이 필요하다. 이는 단순히 추상적 가치에 머무는 것이 아니라 실질적인 기업 가치로 연결된다.

방탄소년단의 경우, 꾸준히 팬들과 소통했기 때문에 결국 자신들의 철학이 드러나고 거대한 왕국을 건설하는 것이 가능했다. 결과적으로 방탄소년단의 진심은 팬들에게 전달되고 좋은 성과로 나타났지만, 그 과정에서 오랜 시간이 소요되고 많은 노력과 위험이 있었다는 것은 주지의 사실이다.

세계가 공감하는 방탄소년단의 메시지

방탄소년단은 명실상부 '글로벌' 아이돌 그룹이다. 한국 내 인기를 기반으로 세계 시장으로 무대를 넓힌 다른 K팝 그룹과 달리 해외에서 먼저 인정받았다. 국경을 넘어 충성도 높은 팬덤을 구축했으며, 그들의 메시지는 전 세계 10대 팬들의 마음을 사로잡았다. 그렇다면 이렇게 유달리 세계 시장에서 높은 인기를 얻은 이유는 무엇일까?

먼저 네트워크 환경의 발전을 들 수 있다. 한국콘텐츠진흥원 산업분석팀 장민지 박사는 "미디어 지형 변화로 한 국가에 자리한 콘텐츠가 실시간으로 전 세계에 전파되고 있으며, 팬덤 또한 초국가적 연결을 이루고 있다."고 설명했다. 김수철, 강정수 박사는 2013년 발표한 논문 「케이팝에서의 트랜스미디어 전략에 대한 고찰」을 통해 "유튜브는 전 세계 수많은 대중음악(산업) 커뮤니티가 광범위하게 네트워크로 연결돼 있다."고 말하며 국경을 허무는 온라인 소셜 콘텐츠 환경에 주목했다. 방시혁 대표도 "지금은 초연결 시대이며 유튜브 등의 소셜 서비스를 통해 글로벌 팬들에게 접근하기 수월했다."고 설명했다.

그와 더불어 공감을 이루는 메시지의 효과라는 의견도 덧붙였다. 방시혁 대표는 "청춘의 고민이라는 건 전 세계 보편적이고 시대성을 타지 않는 거라 해외 팬들에게도 공감을 얻은 것 같다."며 초국가적 공감대를 언급했다. 방탄소년단은 청소년들에게 무난한 주제를 메시지로 선택한다. 무난한 주제는 쉽게 접근하기 좋다. 하지만 그것은 일면 따분해 보일 수도 있는 요소다.

비즈니스적으로 봤을 때, 세계적으로 공감할 수 있는 방탄소년단의 메시지와 철학은 타이밍이 적절했다. 엔터테인먼트 그룹의 콘셉트는 장기적으로 확대할 수 있는 잠재 시장의 크기를 결정한다. 방탄소년단은 도입 단계에서 성장 단계로 넘어가는 K팝 시장의 상태에서 알맞은 입장을 취했다고 볼 수 있다. 청춘을 고민하고 사랑을 기다리고 변화를 꿈꾸는 모습은 누가 봐도 아름답기 때문이다.

하지만 이것이 언제나 정답은 아니다. 시기에 따라 비즈니스 전략에 따라 다를 수 있다. 현재 방탄소년단의 메시지는 너무 무난할 수 있으며 화제성을 가져오는 주제는 아니다. 방탄소년단도 처음에는 학교폭력, 반항 등 사회 고발 콘셉트로 강한 사회적 논란을 불러일으키려 했으나 현재는 콘셉트의 변화를 거친 상태다. 기본적인 사회적 메시지는 유지했지만 좀 더 감성적이고 따뜻한 이미지를 강화했다.

초기에는 이렇듯 무난한 콘셉트에 K팝의 특징들만을 내세우는 것이 팬의 결집과 초기 K팝을 퍼뜨리는 데 많은 도움이 된다. 거대 미주 시장은 뭔가 과격한 메시지나 이질적 콘셉트를 원하는 타이밍이 아니기 때문이다. 지금은 차별화가 필요 없고 그냥 K팝 자체면 되는 시기다.

결과적으로는 현재 방탄소년단의 방향이 성공을 거두었지만 앞으로는 이러한 콘셉트로 천편일률적으로 흘러가지는 않을 것이다. K팝의 시장이 열리고 성장 시장이 일어날 때는 콘셉트

가 유사하고 무난해도 관계없지만 향후 K팝 시장이 성숙 단계
에 돌입하면 차별화가 필요하다. 그때는 다양한 콘셉트가 나올
것이며, 좀 더 차별화된 주제와 퀄리티 높은 뮤지션들이 시장
을 나눠 갖는 구조로 전개될 것이다.

　방탄소년단은 현대의 청소년들에게 공통적으로 익숙한 공감
적 메시지로 인해 세계의 청소년 팬들과 소통할 수 있었다. 하
지만 그 이면에는 더욱 중요한 힘이 자리하고 있었다. 세계적
으로 갈등을 겪고 있는 집단 간에 공감을 원하고 결집을 원하
는 움직임이다.

진화하는 팬덤: 뭉치고, 확장하고, 표현하고

방탄소년단의 초국가적 인기의 근원은 앞서 설명한 성장 스토
리, 공감적 메시지 등 방탄소년단의 노력과 네트워크 환경의 발
전, 재편집 콘텐츠, 열린 결말 등의 사회적 트렌드에 기인한 것
이다. 그러나 그것만으로는 부족하다. 이러한 요소들은 기술적
인 촉매의 역할을 하지만 버텀업을 일으키는, 즉 사회적 움직임
의 원천적인 힘은 아니기 때문이다.

　2018년 글로벌 리서치 기업 밸류매니지먼트그룹은 방탄소

년단이 단기간에 범세계적 팬덤을 구축할 수 있었던 거시적 원인으로 '초국가적 청소년들의 결집 의지'를 꼽았다. 과거 오랫동안 잠재적인 결집 의지가 이미 형성되어 있었다는 설명이다. 그동안 청소년들은 기성세대에 비해 많은 박탈감을 안고 살아왔으며 불안감에 휩싸여 있었지만 그들이 결집하거나 뭉쳐서 한목소리를 낼 기회를 갖지 못했다. 또한 미국 내 비주류로 살고 있던 아시안, 히스패닉 등 소수 인종이나 유학생 집단은 공통적으로 가지고 있는 외로움과 반항 심리를 표현하고자 하는 욕구가 있다. 그것을 방탄소년단이 어루만져주고 표현해줌으로써 이들을 구심점 삼아 모이게 되었다는 설명이다.

현대 사회에서 집단적 결집은 세계적인 현상이다. 2016년 영국에서는 극우주의자에 의한 브렉시트가 결정되었다. 뿐만 아니라 자국 우선주의를 강하게 밀어붙이는 트럼프 미국 대통령, 시진핑 중국 주석, 푸틴 러시아 대통령 등 전 세계적으로 집단 간 갈등이 강하게 발생하고 있다. 글로벌 협력이 빠르게 진행되면서 다양성의 가치를 받아들일 준비가 되어 있지 않기 때문에 벌어지는 상황이다. 극우주의, 인종주의가 생겨나고 외국인이나 새로운 이민자에게 배타적이다. 세계적으로 문제가 되고 있는 성 소수자 혐오, 소수민족 추방, 동물 학대 등은 모두 기득권을 빼앗길지 모른다는 심리적 공포에서 비롯된 것이며 집단의 결집이라는 결과를 낳았다.

　방탄소년단은 세계 비주류 청소년들의 글로벌 공감대라는 성장 트렌드를 타게 되었다. 세계 뮤직 페스티벌, 초국가적 자선활동 등에서 엿보였던 세계 젊은 세대의 결집 문화가 방탄소년단이라는 매개체를 통해 수면 위로 드러났다. 더구나 방탄소년단 멤버들은 마음을 솔직하게 그대로 표현함에 따라 많은 아시아 팬들이 그동안 K팝 스타들에게서 느꼈던 거리감을 단숨에 줄였다. 이러한 소통의 노력을 통해 범국가적 열성팬들의 결집 의지가 현실화되었다. 현시대의 방황과 불안감, 젊은 세대로서 기성세대에 억눌린 표현 욕구, 그리고 소수 집단으로서 거대 집단의 보이지 않는 차별과 멸시 등에 의해 아시아의 젊은 팬들의 결집 문화가 표출된 것이다.

　문화의 관점에서 보면 방탄소년단은 기성세대의 계급주의와 물질주의를 탈피하고자 하며 다원주의와 인본주의를 지향한다. 방탄소년단은 자신들의 노래를 통해, "굳이 위대해질 필요 없어, 꿈이 없어도 괜찮아, 아무나 돼도 괜찮아."라는 위로를 한다. 당신은 당신 자체로 아름답고 소중한 사람이라는 메시지다. 이는 노력과 성공을 강요하는 현재의 획일적 계급주의와 경쟁주의에 대한 비판이다.

　과거의 획일적이고 경쟁 중심의 시대에서 벗어나 다양성과 사회적 가치를 중시하는 문화는 오늘날의 거대 흐름이다. 이러한 목소리를 내고자 하는 의지는 현대의 젊은 세대에 이미 팽배해 있었다. 방탄소년단 팬덤의 행보는 방탄소년단을 구심점으로 드러나는 사회 문화 혁명이라고 볼 수 있다.

새로운 세대의 청소년들은 커다란 장점을 가지고 있다. 오늘날 주어진 물질 경제를 능동적으로 선택하고 가공하는 능력을 가지고 있으며, 무형의 가치를 추구하며 창조성을 가지고 있다. 방탄소년단은 평등한 인터넷 사회를 지향함으로써 지금 세대 청소년들의 장점을 한껏 발휘하도록 만들었다. 김아영 한국문화산업교류재단 조사연구팀 연구원은 "방탄소년단 팬덤의 결속력은 강력하다. 국경을 아우르는 이들 팬들은 대부분 디지털 네이티브 세대다. 공급자의 상품에 단순 반응하기보다 스스로 향유하는 문화를 적극적으로 찾고, 이를 온라인 공간에서 재창조하는 데 능한 세대다."라고 설명했다. 방탄소년단은 스스로 이러한 청소년들의 장점을 마음껏 발휘하게 하고 서로 존중하게 하는 플랫폼이 됨으로써 이들이 결집할 수 있는 기회를 제공했다.

집단 지성은 집단행동을 낳는다. 러시아 작가 레프 톨스토이는 『전쟁과 평화』를 통해 모든 사람의 개인적 의지의 총계가 집단행동을 낳으며, 우연히 나폴레옹과 같은 (소위 천재) 지도자에 의해 거대 움직임으로 표출된다고 주장했다. 오늘날 세계의 청소년들은 국가와 인종에 관계없이 동질감을 바탕으로 뭉치고자 하는 의지가 있으며, 우연히 방탄소년단에 의해 집단 움직임으로 표출되었다. 그리고 현재는 메인 팝 시장에서 방탄소년단 덕분에 K팝을 알게 되고 그 영역이 확장되고 있다.

비즈니스 관점에서 이러한 결집 의지, 즉 잠재된 고객의 요구는 성장 시장이 올 때까지 발견하기 매우 어렵다. 이러한 기회를 발견하기 위해서 가장 좋은 방법은 특별하고 변화된 사실을 근거로 삼아 끊임없이 가설을 세우고 검증하는 것이다. 예를 들어 청소년들의 특정 패션 브랜드가 과거와 다르게 세계적으로 동시에 일어난다거나, 트위터 통계 데이터가 국경을 초월한 동조현상이 발생한다거나 하는 사실 데이터를 찾아야 한다. 그것이 힘들다면 이렇게 성장 시장이 확인된 후 비즈니스를 개시하는 것이 좋다.

플랫폼은 이제 가상의 국가다

방탄소년단은 세계의 청소년들이 커뮤니티를 형성할 수 있는 공간을 마련했다. 그들에게 방탄소년단 팬덤은 하나의 이상적인 가상의 국가라고 할 수 있다. 이 가상의 국가는 음악을 듣는 청자, 영상을 보는 관객, 콘텐츠를 재편집하는 제작자, 의견을 나누는 화자 등이 방문해 다채롭게 즐기는 놀이터가 된다. 집단 지성의 참여가 높아지면서 방탄소년국은 빠른 속도로 확장한다.

비즈니스 관점에서 방탄소년단은 페이스북, 아마존과 같은 하나의 플랫폼으로서의 역할을 한다고 볼 수 있다. 플랫폼이란 공통적인 목적 아래 참여자의 상호 공유와 활용을 통한 지렛대 효과를 극대화하는 시스템이다. 플랫폼에서는 문제를 외부에 공개하고 참여자에게 인센티브를 제공함으로써 상호간에 윈-윈이 만들어지며 건설적인 방향으로 진화한다. 방탄소년단은 세계 청소년의 공통된 주제를 다룸으로써 참여자들이 모이게 하고 상호 활동을 통한 지렛대 효과를 얻는다. 방탄소년단의 팬으로 활동하는 참여자들은 개인 만족과 공감에 의한 존중이라는 인센티브를 얻는다.

현대 사회에서 플랫폼의 영향력은 갈수록 높아간다. 그 이유는 소비자들의 시간과 노력을 차지하기 때문이다. 과거 생산의 시대에는 공급자가 소비자를 좌지우지할 수 있었지만, 현대 소비의 시대에는 소비자에게 절대적인 힘이 실려 있다. 이러한 소비자의 선택을 받기 위해서는 소비자의 관심을 끌어야 하며 소비자의 눈과 귀를 사로잡아야 한다. 소비자들은 플랫폼을 믿고 자유롭게 놀기 때문에 플랫폼에 많은 시간을 쏟으며 영향을 주고받는다. 플랫폼은 소비의 시대에 소비자와 소통할 수 있는 유일한 창구다.

엔터테인먼트 콘텐츠 시장을 보면 과거에는 통신사에서 음악, 게임 등 콘텐츠 서비스 플랫폼을 직접 갖고 있었다. 하지만 IT 회사들이 스마트폰과 운영체제를 통해 고객 접점을 쥐게 되자, 통신사들은 이들에게 대부분의 수익을 넘겨줘야만 했다.

현대의 소비재 제조업이 정체 상태인 이유가 무엇일까? 과거에는 제조사들이 직접 소매점을 가지고 고객에게 유통을 시도했다. 그러다 월마트, 아마존 같은 대형 소매 기업이 등장해 소매 유통을 독점하면서 소매 기업이 고객 접점을 장악하게 되었다. 이로 인해 많은 제조사들이 시장 주도권을 빼앗기고 힘을 잃게 된 것이다.

국내에서 확산되고 있는 배달 앱 역시 고객 접점 플랫폼 쟁탈전이 치열하다. 과거에 각 음식점이 직접 관리했던 고객 접점을 하나의 플랫폼으로 모으자 영향력이 급격히 늘어났다. 고객 입장에서는 음식점 정보가 모여 있으니 편리하다. 그러나 전체적인 음식점 수익은 떨어질 수밖에 없다.

금융 산업의 경우에는 대출 모집인, GA(법인 보험 대리점)에서 고객 접점을 강하게 쥐고 있으면서 각각 은행과 보험사의 혜게모니를 침범하고 있다. 또, 카카오톡과 같은 거대 고객 접점 기업이 카카오뱅크 같은 금융 서비스를 통해 금융 시장으로의 진출을 시도하고 있다. 이러한 고객 접점 경쟁은 더욱 심화되며 기존 금융 회사는 단순히 상품 개발이나 인프라 제공의 역할만 수행하게 될 것이다.

핵심은 사람, 즉 고객이다. 고객의 시간을 뺏는 자가 성공한다. 공급 과잉 시대인 현대에는 최종 구매자의 협상력은 점점 강해지고 고객의 결정권은 커져가는 반면, 공급자 파워는 약화되어간다. 설상가상으로 경쟁과 대체제의 위협은 갈수록 증가하고 있다.

소비자로부터 멀어질수록, 즉 제조 또는 서비스의 생산으로 갈수록 정형화가 일어나고 모방이 용이해진다. 정보 공급이 확대되면서 기술은 평준화되고, 자동화 및 머신러닝 기술이 발전하면서 더 이상의 생산성 향상은 일어나지 않으며 수익성은 낮아진다. 결국 생산 공정의 단순화 및 대형화를 통한 원가절감만이 유일한 대안으로 남는다. 따라서 현대에는 과거 2차 산업기반의 거대 제조 기업들이 성장 정체에 빠지며 산업에서 차지하는 비중이 줄어들게 된다.

그래서 방탄소년단은 **플랫폼이다**

방탄소년단은 눈앞의 수익을 추구하지 않고 고객과 친밀한 소통을 하고 많은 시간을 보내는 데 집중했다. 결국 고객의 시간과 노력을 차지하는 데 성공했으며 선순환 궤도에 올라 자체적으로 확장되는 플랫폼을 구축했다. 초기에 방탄소년단이 제작한 콘텐츠들이 적지 않은 양이지만, 선순환에 오른 지금 플랫폼에서 팬들에 의해 쏟아지는 콘텐츠와 눈덩이처럼 불어나는 활동량은 초기 투자 규모와는 비교할 수 없는 어마어마한 양이다. 이러한 플랫폼의 가치는 고스란히 기업 가치로 환산되며, 장기적으로 제휴, 유통, 광고 등의 수익화 과정으로 연결된다. 요즘 화제가 되는 블록체인이나 가상화폐 등의 기술을 적용한 체계적 커뮤니티로의 발전도 충분히 가능하다.

현대에 성장하는 기업은 대부분 방탄소년단과 같은 지식 기반의 플랫폼 기업이다. 특히 글로벌 서비스 기업의 경우 고객 접점의 서비스를 한다는 공통점을 발견할 수 있다. 특정 서비스를 중심으로 플랫폼을 구축해 고객층을 두텁게 확보하고, 나중에 그 수익을 독차지하는 승자독식Winner-takes-it-all 방식을 지향하는 것이다. 요컨대 현대의 성장 기업은 고객 접점을 먼저 확보하고, 그 산업 전체에서 막강한 독점적 영향력을 발휘해 막대한 수익을 올린다.

페이스북, 아마존, 구글 등 현재 세계를 지배하는 선진 플랫폼 기업들은 방탄소년단과 똑같은 방식, 즉 무료 서비스 → 활동량 증가 → 신뢰 획득 → 수익 확보라는 공식으로 사업을 확장해왔다.

지인 네트워크를 기반으로 출발한 페이스북은 SNS의 특성상 많은 양의 트래픽을 자연스럽게 확보함으로써 고객층 확장의 선순환을 이뤘다. 오래지 않아 미국 전역을 장악하고 글로벌로 세력을 확장한 페이스북은 광고, 제휴 등의 수익화를 시도하고 있다.

온라인 유통 기업인 아마존은 사업 초기에 손해를 보면서도 수요와 공급을 끌어모으는 데 역량을 집중했다. 그 결과 영향력 있는 유통업자들을 유치하고 일반 소비자들에게 회사를 알리는 데 성공했으며, 네트워크 집중 현상의 선순환을 통해 온라인 유통 시장을 장악했다. 여기에서 그치지 않고 현재는 온라인 유통 서비스를 전 세계로 확대하고, 사업 영역을 운송업, 제조업까지 넓혔다. 또한 엔터테인먼트 사업군을 인수하기도 하며 지속적으로 트래픽을 확보하고 플랫폼 지위를 강화하고 있다.

인터넷 서비스 기업인 구글은 초기에 페이지랭크PageRank에 바탕을 둔 검색 기술로 고객 기반을 마련했다. 이를 통해 검색 시장에서 거의 독점적인 강자로 등극해 주요 수입원(광고)을 확보한 뒤 다방면으로 플랫폼을 확대하고자 애쓰고 있다.

플랫폼으로서의 방탄소년단을 봤을 때, 이제는 서비스의 확장으로 가지를 넓게 뻗고 브랜드 구축으로 뿌리를 깊이 내리는 데 힘을 쏟을 시기가 오고 있다. 많은 비즈니스 플랫폼 회사들이 서비스 분야를 꾸준히 확대해 고객 활동을 증대하고 선순환이 지속되도록 노력한다. 막연히 서비스를 밀어넣는 것이 아니라, 현재의 고객들의 숨겨진 니즈를 찾아 해결해 활동량을 늘리는 것이다.

또한 중요한 것이 플랫폼의 브랜드 이미지다. 애플이나 구글 같은 기업은 기업의 철학을 깊이 있게 연구하고 자주 전달하면서 플랫폼으로서의 브랜드 관리에 힘을 쏟는다. 기업이 추구하는 방향을 전달해 일종의 신비감을 선사하고, 고객으로 하여금 자유로운 사고의 확대를 가져와 그 상상 속에서 헤어나오지 못하게 하기 위함이다.

방탄소년단도 마찬가지다. 앞으로 방탄소년단은 철학과 사회적 의미, 지적 성찰을 확대해 플랫폼이 꾸준히 선순환되도록 노력해야 할 것이다. 비틀스나 엘튼 존과 같은 사회적 철학을 깊이 뿌리내리는 것이 플랫폼을 풍성하게 만드는 데 도움이 된다. 지금은 이야깃거리, 토론거리를 꾸준히 만들어내야 하는 타이밍이다. 초창기 기업이라면 원하는 화제성을 얻지 못하고 묻혀버릴 수 있지만, 어느 정도 선순환에 오른 기업은 이러한 화제가 쉽게 증폭될 수 있기 때문이다.

방탄소년단의 캐즘 극복이 의미하는 것

K팝 전문가 김헌식은 "싸이가 히트곡을 낸 뒤 지속적인 스타일을 유지하지 못한 것과 달리, 방탄소년단은 10대 팬들이 공감할 노래를 꾸준히 만들고 있다"며 "그들은 팬들과 소통하는 방법을 알고 있기 때문에 그 인기가 계속 갈 것"이라고 주장했다.

MBC의 배순탁 음악 작가는 "싸이의 〈강남스타일〉은 강제 진출에 단발성 느낌이 있었으나 방탄소년단은 자신들의 힘으로 팬들과 함께 대기록을 일군 측면이 크다. 앞으로도 방탄소년단의 인기가 한동안 지속될 것 같은 느낌이 든다."고 설명을 했다. 실제 방탄소년단은 최근 앨범까지 6개 음반을 연속으로 '빌보드 200'에 올려 단발성 인기가 아니라는 것을 증명하고 있다.

많은 사람들이 방탄소년단의 지금의 인기를 종종 과거 싸이의 〈강남스타일〉과 비교한다. 싸이의 사례에서도 알겠지만, 이런 폭발적인 인기가 오래 간다는 것은 쉽지 않다. 싸이는 〈강남

스타일〉로 빌보드 핫 100에서 7주 연속 2위라는 기염을 토했지만 그 인기를 이어가는 데 실패하고 말았다. 하지만 방탄소년단은 인기가 지속될 것이라는 예측이 많다. 그 이유는 현재의 모습은 오랫동안 팬과 양방향으로 교류한 결과물이기 때문이다. 기반을 튼튼히 다져놓았고, 그 진가가 서서히 드러나고 있기 때문에 인기가 쉽게 흔들리지는 않을 것이라는 설명이다.

방탄소년단의 인기는 영원할 것인가? 이에 대해서는 누구도 말하지 못한다. 현재 산업계에 정상적으로 유통되는 정보들을 종합해 분석하더라도 산재되어 있는 불확실성이 너무 크기 때문이다. 훗날 어느 전문가가 결과를 정확히 예측했더라도 그것은 우연이며 결과론적 해석이다.

하지만 한 가지 확실한 건 방탄소년단에 의해 세계 팝 시장에서 캐즘에 갇혀 있던 K팝이 성장 시장에 올라왔다는 점이다. 그리고 경영학 원리에 근거해서 봤을 때, K팝 그룹에게는 지금이 세계 무대 진출의 적기다. 방탄소년단의 후속 효과들은 점차 나타날 것이다. 정통 K팝을 위시한 미투me-too 제품들이 시장에 속속 진입할 것이며 보이그룹 외 걸그룹의 진출도 일어날 것이다. 고객들은 K팝을 잘 모른 채 어리둥절하면서도 K팝을 즐길 것이다. 그러나 고객의 K팝에 대한 경험치는 꾸준히 증가할 것이며 점점 K팝의 옥석을 가리는 눈을 갖게 될 것이다. 그

때는 차별화를 추구하는 몇몇 그룹이 자기만의 영역을 차지하게 될 것이다.

과거 일반 대중의 입장에서는 눈에 보이는 인기와 빌보드 차트로 뮤지션의 영향력을 판단했다. 그리고 그 인기의 원동력은 뛰어난 음악성이라고 생각했다. 그러나 현대에는 그 힘이 소비자 집단으로 완전히 넘어왔다. 그 이면에는 플랫폼의 규모 싸움이 있다.

HOT는 1990년대 본격 아이돌 1세대 그룹으로 데뷔해 2000년대 초반 해체할 때까지 국내 시장에서 큰 인기를 얻었다. HOT는 당시 한국 아이돌 문화의 선점 효과를 톡톡히 보았다. 열성팬을 토대로 거대 청소년 팬덤을 일찌감치 장악했기 때문이다. 따라서 HOT는 성장 트렌드이던 아이돌 시장을 차지할 수 있었다. 당시의 팬덤은 온오프라인 커뮤니티 위주의 단방향 소통 중심의 팬덤이라고 볼 수 있다.

방탄소년단은 오늘날 초연결사회의 HOT 같은 느낌이다. 차이가 있다면 HOT 당시 활동 무대는 한국이었으나 지금은 활동 무대가 전 세계로 달라졌다는 점, 그리고 팬과의 소통이 일방통행이 아닌 양방향 통행이라는 점이다.

K팝이라는 성장 트렌드를 하나의 고립된 시장으로 본다면 이 시장은 제로섬 게임이다. 먼저 와서 영역을 차지하는 자가

주인이다. 방탄소년단은 다행히 경쟁자보다 먼저 안착할 수 있었고 유리한 위치에 있다. 그리고 현대 양방향 문화의 특성상 오랜 기간 팬덤과 소통하고 노력해야 경쟁력이 갖춰진다. 이렇 듯 경쟁자의 진입 장벽이 높다는 점도 방탄소년단에게는 긍정적인 부분이다. 그러나 이 시장에 경쟁자는 분명히 들어올 것이며 K팝은 하나의 주류 장르가 될 것이다.

청소년의 솔직한 마음을 대변하는 방탄소년단은 1990년대 국내 가요계에서 HOT가 보여준 흐름을 그대로 타고 있다. 세계 시장은 하나의 문화로 공감대를 형성해 하나의 큰 시장으로 뭉치고 있으며, 이와 함께 다양한 개성을 한데 모은 그룹 형태의 뮤지션을 필요로 하고 있다. 단순히 문화적 시각이 아닌, 비즈니스 시각에서 본다면 이것을 청소년 문화라는 하나의 주제를 가진 플랫폼으로 이해하는 것이 좋다. 소비자가 중심이 되는 현대 경영 환경에서는 소비자를 참여시키는 것이 중요하다. 관계를 쌓고 신뢰를 얻는 것이 기업이 성공하고 장수하는 유일한 길이기 때문이다.

Summary ❹
네트워크 마케팅

● 페이스북, 아마존 등 현대의 대부분의 테크 기업들은 고객의 눈과 귀를 잡는 데 많은 노력을 기울인다. 고객의 시간을 장악하고 접점을 얻은 기업이 결국 모든 수익을 가져간다. 그것이 고객이 이용하는 플랫폼이다.

● 방탄소년단은 글로벌 K팝 팬에게 하나의 플랫폼으로 작용한다. 방탄소년단은 인터넷에 다량의 무료 콘텐츠를 올리고 팬과 소통했다. 콘텐츠가 쌓이면서 팬들은 방탄소년단과 더 많은 경험을 할 수 있었다. 전 세계에 확대되는 재편집 콘텐츠의 트렌드를 타고 팬들 간의 소통이 일어나면서 폭발적으로 방탄소년단이라는 플랫폼의 활동량이 증가했다.

● 방탄소년단은 타깃 고객층을 꾸준히 공략해 임계점을 넘고 지속 가능한 수준의 선순환 궤도에 오를 수 있었다. 이것은 오늘날 일반 대중에게까지 확대되고 있다.

● 방탄소년단은 장기적 관점에서 플랫폼 철학의 토대가 되는 사회적 의무, 수평적 관계 등을 마련했다.

● 집단 결집 문화는 세계적인 현상이다. 오늘날 비주류 청소년 집단의 불안감, 박탈감, 차별과 멸시에 대한 반발 등이 방탄소년단을 구심점 삼아 표출되게 되었다.

- 방탄소년단에 의해 세계 팝 시장에서 캐즘에 갇혀 있던 K팝이 성장 시장에 올라왔다. 정통 K팝을 위시한 많은 뮤지션들이 시장에 속속 진입할 것으로 예상된다.

PART

03

방탄소년단으로 보는
마케팅 혁명

앞서 살펴본 바와 같이 방탄소년단의 성공 요소는 '시장의 흐름
을 읽고 세계 시장을 공략했던 타이밍', '소수 폐쇄 집단에 집중
했던 타기팅', '캐즘을 넘을 수 있었던 완전완비제품', '네트워크
를 타고 전파될 수 있었던 화제성'의 네 가지로 요약할 수 있다.
이것은 단지 방탄소년단이라는 K팝 그룹과 세계 음악 시장에 국
한된 것이 아니다. 방탄소년단의 활동과 비즈니스 결과들은 각
각 현대 경영 환경에서의 성공 요소를 대표적으로 드러낸다. 각
각의 요소를 하나하나 현재 우리의 비즈니스에 맞춰 생각해보고
각자의 상황에서 적용해 원리적으로 이해하는 것은 성공을 위한
중요한 발판이 된다.

글로벌 시장을 포괄적으로 보자. 오늘날 소비 시대의 도래, 시장의 성숙 단계별 성공 원리, 세계적으로 확장되고 있는 플랫폼 사업의 의의, 그리고 네트워크 마케팅을 위한 핵심 원리는 오늘날의 경영자에게 공통적으로 요구되는 지식이다. 이와 더불어 국내의 소규모 기업에서 글로벌 기업으로 성장하기 위해서는 어떠한 요소를 갖춰서 단계적으로 어떠한 액션을 취해야 하는지에 대해 경영 전략 관점에서 알아둘 필요가 있다.

이번에는 이러한 주요 경영 원리를 설명하되 실제로 비즈니스에 적용할 수 있도록 주로 현대 여러 산업에서의 사례를 들어 설명하도록 한다.

CHAPTER 01

소비 혁명 시대가
왔다

4차 산업혁명은 소비 혁명이다

다른 아이돌 그룹에 비해 방탄소년단이 가진 큰 강점 중 하나는 팬들과의 밀착이다. 이는 오랜 기간 팬들에게 사소한 모습까지 공유하고 적극적으로 소통한 결과가 누적된 것으로, 다른 아이돌 그룹이 단기간에 따라올 수 없는 값진 자산이다. 이것은 소비의 시대에 들어선 현대에 강력한 힘을 발휘한다.

과거의 인기 아이돌 그룹은 소위 '신비주의'를 고수했다. 사생활을 철저히 베일에 가린 채 멋진 모습만을 보여주어 팬들에게 신비감을 심어준 것이다. 과거의 아이돌은 일반인과는 다르다는 것을 강조했다. 화려하고 멋진 삶을 살고 있다는 것을 보여주어 우월하다는 인식을 심어주었다. 이는 철저히 수직적 물질주의 사회에서 동경심을 유도하기 위함이었다.

그러나 방탄소년단의 이미지는 완전히 다르다. 오히려 평범한 일반 청소년과 다를 바 없다는 점을 강조한다. 방탄소년단의 공연 영상이나 뮤직비디오를 보면, 화려하고 부유하다는 느낌보다는 진보적이고 감성적인 느낌이 강하다. 고급 자동차나 옷 등 계급주의를 지양하고 평등과 개성을 강조한다. 겸손하게 서로를 존중하고 수평적이고 균형적인 사회를 지향한다. 방탄소년단은 영웅이 아닌, 다 같은 친구로서 팬과 함께 조화를 이루고 성장하길 바란다.

현대에는 팬이 아이돌 그룹의 음악을 구매하는 것을 넘어서 스타로 만든다. 공급자와 소비자의 위상이 뒤바뀐 것이다. 이러한 현상은 전 세계 모든 산업의 공통된 현상이다.

현대에 논의되는 4차 산업혁명은 한마디로 전 산업 분야에 걸쳐 일어나는 '소비 혁명'이라고 할 수 있다. 이미 제조 업계에서는 공급자 중심의 대량 생산이 소비자 중심의 맞춤 생산으로 바뀌었다. 많은 사람들이 경제의 주체가 '생산자'에서 '소비자'로 바뀐 것이 얼마나 대단한 것인지 가늠이 잘 안 되겠지만, 이것은 세상 모든 것을 뒤바꾸고 있다.

니즈-수익 사슬

페이스북의 마크 저커버그Mark Zuckerberg, 구글의 래리 페이지 Larry Page, 그리고 트위터의 잭 도시Jack Dorsey 등 현대 테크 기업의 경영자들은 직원과 미팅에서 절대 쓰지 않는 단어가 있다. 그것은 바로 '매출'이다. 대부분의 기업에서 사람들이 '매출'이란 단어를 입에 달고 사는 것과 대조적으로 현대 선진 기업들은 '매출'을 입에 올리지 않는다. 그 이유는 무엇일까?

많은 대형 기업들이 매출이나 수익에 관심이 많다. 주로 임기가 짧은 임원들은 실적에 많은 압박을 받기 때문에 단기간에 성과를 내기 위해 조직을 강하게 압박한다. 하지만 수익에 몰두하다 보면 매출을 올리기 위한 단기 처방에 의존하게 되고, 당장 효과를 볼 수 있는 광고나 할인에 집중한다. 점점 시야는 좁아지고 기업의 관점에 편중된다. 반대로 소비자의 관점에서는 멀어진다. 우리 기업이 어떠한 가치를 만드는지, 고객은 어떠한 것들을 필요로 하는지 장기적이고 본질적인 고민을 잊게 된다.

매출이 올라가는 이유는 소비자가 구매했기 때문이고, 소비자가 구매하는 원인은 (행동경제학적으로) 행동이 유발되었기 때문이며, 그 행동의 근본 원인은 소비자의 니즈다. 과거 생산의 시대에는 공급자 위주의 푸시 마케팅이 가능했지만 현대에는 소비자의 선택을 받아야 한다. 기업이 소비자의 기초 니즈를 얼마나 충족하는지에 따라 사업의 성패가 갈린다. 수익은 뒤따라올 뿐이다. '소비자'를 바라보고 '매출'을 잊을 때 장기적이고 지속 가능한 사업을 유지할 수 있으며, '소비자'를 잊고 '매출'에 관심 갖는 순간 기업은 나락으로 떨어지게 된다.

현대는 생산 시대를 지나 소비 시대로 들어섰다. 물질과 정보가 과잉 생산되고 있으며, 생산보다 소비가 더 중요한 경제 이슈로 떠오르고 있다. 또한 물질의 부족으로 생존을 걱정할 필요가 현저히 줄었다. 소유와 경쟁을 최고의 미덕으로 여기던 과거와 달리 공유와 공감을 중시하는 움직임이 일고 있으며, 생존이 아닌 행복을 추구하는 사회 문화가 형성되고 있다.

소비 혁명 시대에 살아남는 방법은?

현대는 물질과 정보의 과잉 시대이며 이를 이용한 비즈니스는 이미 경쟁이 치열한 레드오션이다. 공급 과잉 시대인 오늘날 최종 구매자의 협상력은 점점 강해지고 고객의 결정권은 커져가는 반면, 공급자 파워는 약화되어간다.

20세기 말에 성장한 월마트는 제품 공급 업체를 강하게 압박하는 것으로 유명하다. 월마트는 여러 업체를 경쟁시켜 조건을 자신들에게 유리하게 만들고 가격 인하 압력을 넣는다. 제조 기업들은 "월마트와 일하는 것은 정말 끔찍하다. 하지만 그보다 최악은 월마트와 일하지 않는 것이다."라며 탄식했다.

이렇게 유통사에 일방적으로 휘둘리면서도 유통사에 매달릴 수밖에 없는 이유가 무엇일까? 월마트가 소비자와의 접점을 쥐고 있기 때문이다. 수요자인 일반 소비자의 영향력이 갈수록 커지고, 유통사(플랫폼)가 그러한 소비자와의 접점을 쥐게 되면서 업계의 헤게모니를 차지하게 되었다.

2000년대 들어와 소비자 시장이 포화 상태에 이르면서 대량 생산에 의존하던 많은 공급자들이 시설 과잉과 재고 누적으로 줄줄이 문을 닫았다. 모든 공산품 분야에 너무 많은 공급자가 있고, 이 회사 제품과 저 회사 제품을 구별하기 어려운 상황에서 경쟁에서 살아남기 위한 유일한 방법은 가격을 떨어뜨려 이윤을 줄이는 것이다. 그마저도 안 되면 경쟁자가 먼저 쓰러지기만 바라며 손해를 보면서 제품을 판매하는 치킨 게임에 돌입한다.

인류는 글로벌 저성장 시대에 들어섰다. 중국이나 인도 등 신흥국의 등장과 간헐적 기술 개발이 근근이 생산의 성장을 견인하지만, 가용 생산력 측면에서 봤을 때 생산량은 이미 소비량을 충분히 넘어섰다. 결국 생산 시대는 끝났다.

이제 세상의 중심은 생산이 아닌 소비다. 현대에 관심을 모으는 모든 기술들은 전부 소비자를 바라보고 있다. 2000년대 들어와 리얼리티 쇼가 크게 인기를 끌고 있다. 리얼리티 쇼의 시초는 1999년 네덜란드에서 방영한 〈빅브라더Big Brother〉라고 볼 수 있는데, 참가자들이 실제로 한 공간에서 생활하는 모습을 보여주는 프로그램이었다. 그 이후로 리얼리티 쇼는 전 세계적으로 확대되어 〈서바이버Survivor〉, 〈배철러The Bachelor〉 등의 서바이벌 형태로 각색되었으며, 한국에서는 〈무한도전〉과 같은 리얼 버라이어티 형식의 예능이 대세를 이뤘다.

리얼리티 쇼 성공의 원동력은 크게 두 가지다. 하나는 수많은 선택 옵션을 가진 현대 소비자가 가짜 정보에 속지 않으려는 심리 때문이고, 다른 하나는 생생한 실제의 감정을 전달해줌으로써 소비자의 마음에 가까이 다가갈 수 있기 때문이다.

리얼리티 쇼는 참가자의 행동이 시청자의 공감을 불러일으키며 간접 경험을 선사한다. 예상치 못한 변화와 실수들이 시청자에게는 더 현실적이고 솔직하게 느껴져 참가자들에게 마음이 쏠리고 더 감정을 이입하게 만든다. 반면 정해진 각본대로 연출하는 프로그램은 이질감을 극복하지 못해 공감을 형성하지 못하고 소비자와 멀어진다.

소비 시대가 진행될수록 공급자와 소비자와의 밀착이 중요하다. 그러기 위해서는 소비자의 입장에서 생각하고 소비자가 공감을 할 수 있어야 한다. 소비 시대에 소비자와의 공감을 하지 못하는 기업은 생존이 어려워지고 있다.

방탄소년단은 소비자와의 소통을 중요시했으며 이에 가장 많은 노력과 시간을 투자했다. 이것은 소비 시대에 소비자에게 다가가기 위한 중요한 원칙이다. 돈을 벌기 위한 기업 경영도 결국 공감에서 출발해야 한다. 경쟁적 성장의 시대를 지나 오늘날 사회적 화합의 시대에 와서 공감은 더욱 중요해졌으며, 한동안 이성에 쏠렸던 인간의 저울추는 이제 서서히 감정과의 균형을 맞춰가고 있다.

갈수록 치열해지는 글로벌 플랫폼 전쟁

방탄소년단의 팬덤이 오늘날처럼 확대가 가능했던 이유는 플랫폼 형성과 같은 커뮤니티 결집의 트렌드를 탔기 때문이다. 직접 참여하고 발전적 방향으로 함께 나아가려는 소비자의 욕구를 반영해 소비자가 참여하는 공간을 마련하고 자유로운 놀이터로 만드는 것이 플랫폼 기업의 역할이다.

소비의 시대를 살고 있는 현대인의 구매에 영향을 미치는 요인 중에는 플랫폼의 비중이 압도적으로 크다. 기업 입장에서는 과거에 비해 고객의 마음을 얻는 일은 점점 더 어려워지고 있다. 고객의 마음을 얻기 위해서는 고객과의 소통이 많아야 한다. 그 소통이 일어나는 곳이 플랫폼이다. 플랫폼에서는 소비자를 참여시켜야 한다. 부정적인 활동이더라도 활동이 없는 것보다 낫다. 어떻게든 참여시키는 쪽이 장기적인 관점에서는 훨씬 유리하다. 2018년 글로벌 유통 플랫폼의 고객 활동 조사 결과, 당장의 매출을 일으키지 않더라도 고객의 활동을 늘리는 것이 장기적으로 수익을 내는 데 중요한 요소로 나타났다. 심지어 불만 사항을 올리는 활동이더라도 그 활동 가치는 향후에 수익으로 나타났다.

현대에는 '고객 접점'을 쥐고 있는 기업만이 살아남는다. 따라서 모든 수단을 동원해 일단 소비자들이 모이고 활동하게 하는 것이 필요하다. 그러기 위해서는 무료로 재료를 공급해야 하며, 심지어는 비용을 들여서라도 고객의 참여를 얻어내야 한다.

방탄소년단은 초기에 온라인으로 무료 콘텐츠를 거의 무한

대로 공급했다. 동남아시아의 경제력이 낮은 청소년층에 이는 가뭄의 단비와 같은 축복이었다. 그들은 이내 방탄소년단에 열광했으며 마음껏 K팝의 세계에 빠져들 수 있었다. 또한 이들은 적극적으로 방탄소년단의 멤버들과 소통하면서 그동안 경험하지 못했던 K팝 스타와의 교감을 이룰 수 있었다. 거의 제로에 가까운 비용으로 값으로 매길 수 없는 소중한 경험들을 얻었던 것이다. 이러한 노력의 결과는 동남아시아 청소년들을 중심으로 미주 지역까지 확산된 강력한 팬덤으로 나타났다.

여기서 우리는 이와 비슷한 전략을 유통 기업의 사례에서 볼 수 있다.

한때 상식에 어긋나는 코스트코의 가격 정책이 공개되어 큰 화제가 된 적이 있었다. 코스트코는 '잘 팔리는 상품일수록 가격을 낮추는' 전략을 펼친다. 방탄소년단이 무료 콘텐츠로 팬들의 마음을 얻은 것처럼, 코스트코는 인기 제품일수록 저가로 제공하면서 고객의 마음을 얻는 시스템을 운영했다. 이는 수요가 높으면 가격이 높아지는 경제학의 수요-공급 기본 원칙을 정면으로 위배하는 발상이다. 그러나 코스트코는 유통 산업의 지속적인 불황 속에서도 꾸준히 성장해 2014년에 매출 1,126억 달러와 순이익 206억 달러를 기록하며 승승장구하고 있다. 그 비결은 무엇일까?

코스트코 인기 제품의 판매가는 경쟁사에 비해 매우 낮다. 거의 마진을 남기지 않는다. 이로 인해 회원들은 코스트코에서 구매하는 모든 제품이 가장 저렴하다고 믿게 되고, 따라서 회원들의 충성도Loyalty는 매우 높아진다. 코스트코는 소비자의 믿음을 얻고, 더 많은 회원을 유치해 더 많은 제품을 판매하게 된다. 이것은 가격을 낮출 수 있는 여력을 만들어 선순환으로 이어진다.

코스트코는 이를 "기업의 이해관계와 고객의 이해관계가 일치한다."라고 표현한다. 틀린 말은 아니지만, 코스트코 가격 정책의 성공을 제대로 이해하기 위해서는 그 경영학적 의미를 분석해볼 필요가 있다.

구매 수요가 많은 제품에 대해 가격을 낮춰 대량으로 판매하는 것은 해당 고객군을 향한 전략적 포지셔닝이다. 즉 '무난한 중급 품질 제품을 대량 구매'하는 니즈가 높은 고객을 코스트코의 메인 타깃으로 정해 포지셔닝한 것이다. 코스트코는 소비자의 믿음을 얻어 플랫폼을 확대했다. 다시 말해 '소비자를 인질로 잡기 위한' 고객 접점 플랫폼 비즈니스에 충실한 전략이다.

현대 기업의 기본 바탕은 어디까지나 '고객'이다. '고객의 활동(트래픽)=기업의 가치'다. 플랫폼에서 고객의 활동량을 늘리기 위해서는 고객을 위한 서비스를 꾸준히 제공해야 한다. 단, 그 과정에서 고객의 신뢰를 저버리지 않아야 한다.

"Don't be Evil"

구글은 전 세계 검색 엔진 시장의 90퍼센트를 장악하고 있는 독보적 플랫폼이다. 그런데 그들의 최우선 목표는 수익보다 소비자의 검색 만족도를 높이는 것이다. 통계 알고리즘과 소비자 의도 분석을 통해 '최적의 정보'를 찾아 전달하는 것에 초점을 맞춘 것이다. 그 결과 탄탄한 고객층과 트래픽을 확보하는 데 성공했다. 이는 구글의 모토인 'Don't be Evil(사악해지지 말라)'에 충실한 결과다. 소비자에게 가치를 제공하는 데 최선을 다하되, 정보를 왜곡함으로써 부당한 이익을 노리지 말라는 의미를 내포한다.

구글의 기업 철학과 일치하는 방탄소년단의 진정성은 마찬가지로 장기적 관점에서 점차 진가를 발휘한다. 방탄소년단 멤버들은 솔직하게 모든 감정을 공유했고 그 어떤 상업적 목적의 행동도 하지 않았다. 그들의 3~4년에 걸친 노력에 팬들은 마음을 열게 되었고 결국 하나 같은 끈끈함을 얻게 되었다. 만약 구글이 기업의 수익 위주로 검색 알고리즘을 가공하고 결과를 왜곡했다면 결국 고객층도 잃고 플랫폼도 빼앗겼을 것이다. 마찬가지로 방탄소년단이 수익 위주로 팬을 선택하고 방송을 선택했다면 오늘날의 아미와 같은 팬클럽은 존재하지 않았을 것이다. 진정성을 기반으로 한 공감대는 상업적 결집과 비교할 수 없는 큰 지원군이 되기 때문이다.

구글의 사례는 기업 입장에서 플랫폼을 확보하기 위한 전략적 선택이었는지 모르지만, 고객 신뢰에 기반한 현대 기업이 가야 할 길을 제시하는 모범 사례가 되었다.

방탄소년단은 어떻게 수익을 낼까?

방탄소년단이 무료 콘텐츠로 팬들의 마음을 사로잡았듯이 많은 기업들이 무료 서비스로 고객들의 관심을 끌고 있다. 그러면 소규모 기술 기반 플랫폼 기업에서는 고객의 시간을 뺏은 결과를 어떻게 수익으로 전환할 수 있을까?

2006년 설립된 뉴스 및 엔터테인먼트 웹사이트 버즈피드 BuzzFeed는 2016년 15억 달러(약 1조 7,000억 원)에 달하는 기업가치 평가액을 기록했다. 그만큼 시장에서 버즈피드의 미래가치가 높게 평가되고 있다는 것인데, 그 핵심 이유는 바로 트래픽이다.

일명 '낚시성 콘텐츠'로 불리는 가벼운 유머들로 구성된 저급 저널리즘은 SNS 상에서 젊은 이용자를 중심으로 확산되었다. 버즈피드는 성장하는 인프라(웹, 모바일)에서 성장하는 젊은 고객층을 타기팅해 정교한 콘텐츠 세트를 구성했으며, 타깃고객에 맞는 정보를 찾아내어 적재적소에 배치했다. 이를 이용해 이용자가 '일단 들어와서 즐기도록' 하는 것이 가장 큰 목적이었다.

위 과정을 정리하면, 1) 먼저 인간이라면 무조건적으로 반응하는 가벼운 낚시성 콘텐츠를 전면에 내세운다. 2) 고객이 지속적으로 찾아오도록 고객의 니즈를 찾아내어 꾸준히 맞춤 콘텐츠를 발굴하고 채워준다(충성 고객이 된다). 3) 광고, 서비스등 수익화 선순환을 통해 지속 가능한 성장 모델을 수립한다.

이는 버즈피드 뿐만 아니라 「허핑턴 포스트」, 피키캐스트 등 SNS와 모바일을 중심으로 확산되는 현대 디지털 언론의 뚜렷한 특징이자 B2C 기업 수익화의 기본 원리다.

기업의 존속 목적은 이윤 추구다. 어떠한 플랫폼 기업이더라도 결국은 이윤을 내는 것을 목표로 한다. 초기에는 플랫폼의 규모 확대에 최선을 다하지만 점차 수익 모델을 생각하지 않을 수 없다. 기업마다 수익의 바탕이 되는 파이를 얼마나 크게 키우는지(얼마나 꿈을 크게 갖는지)의 차이가 있을 뿐이다.

방탄소년단 플랫폼도 결국은 수익 모델을 고민할 것이다. 빅히트엔터테인먼트가 상장되고 재무적인 압력이 발생하게 되면 결국 수익성을 생각하지 않을 수 없다. 플랫폼 기업에 수익 추구는 시기의 문제일 뿐 피할 수는 없다.

앞서 살펴본 코스트코 사례로 돌아가보자. 코스트코는 저마진 정책을 계속 유지할까? 그렇진 않을 것이다. 점진적으로 수익화가 진행될 것이다. 코스트코는 기본적으로 회원제로 운영된다. 회원이 아니면 매장에 입장조차 할 수 없다. 월마트에 비해 상품 마진이 매우 낮기 때문에 나머지 수익은 회원 연회비로 충당한다. 그러므로 고객 접점을 장악한 이후에는 연회비 또는 가격을 인상해 수익화를 실현할 것이 자명하다.

수익화는 플랫폼의 가치 훼손 대비 수익 규모를 극대화하는 것이 관건이다. 구글의 검색 서비스는 직접적인 수익이 되진 않는다. 따라서 수익 모델을 찾았는데, 가장 적용이 쉬운 것은 광고였다. 많은 기업들이 타깃 고객에게 제품이나 서비스 정보를 전달하는 것에 어려움을 겪는다. 그러나 구글의 알고리즘을 활용하면 타깃 고객을 세밀하게 선정할 수 있으므로 광고 효과가 커진다. 구글은 첫 번째로 소비자의 니즈를 찾아 검색 서비스를 제공했고, 두 번째로는 기업의 니즈를 찾아 타깃 고객의 검색 결과에 광고를 실었다. 그러나 검색 결과와 광고는 명백히 구분되어야 하므로 구글은 소비자에게 오해가 없도록 'Google Ad'라는 표시를 붙였다. 또한 광고는 세 줄이 넘지 않도록 해 본질적 검색 기능을 해치지 않으려 노력했다.

방탄소년단의 경우 아직 본격적으로 수익 모델을 고려할 때는 아니지만 단계적으로 이루어질 것이며, 그 방향은 팬덤의 가치 훼손 대비 수익 규모를 극대화하는 방향이 될 것이다.

—

승자독식

플랫폼을 구동시키는 근본 원리는 고객을 모이게 해 시너지를 내는 것이다. 2010년대 들어 티몬, 쿠팡, 위메프 등 소셜커머스가 급성장하고 대기업이 운영하는 대형 마트들이 들어서는 한편 글로벌 SPA 브랜드가 들어오면서, 유통의 대형화가 급격히 진행되고 있다. 이들의 한결 같은 지향점은 대형화를 통해 원가를 절감하고, 이를 통해 소비자에게 보다 낮은 가격이라는 혜택을 주는 것이다. 이것은 코스트코의 '기업-고객 이해관계 일치'와 상통하는, '모이면 싸진다.'라는 개념이다. 하지만 정말로 '모이면' 싸질까?

이들의 미래를 아마존을 통해 내다보자. 온라인 유통으로 출발한 아마존도 초기에는 '낚시성' 제품과 가격으로 고객을 유입하고 맞춤 서비스를 제공해 충성 고객층을 확고히 했다. 이윽고 고객 접점을 장악한 아마존은 현재 기획, 생산, 물류에까지 영역을 확장하고 제품과 서비스를 제공한다. 유통자 주도권을 확보하면서 일부 영역에서는 아마존이 직접 생산에 참여, 수직 계열화로 수익을 확대하고 있다. 프리미엄 멤버십을 제공하고, 직접 제품을 만들며, 가격을 서서히 인상해 수익화를 진행하고 있다. 결국 현대 사회는 승자독식 방식이며, 소비자는 그동안의 비용을 지불하게 되어 있다.

—

세상에 공짜 점심은 없다

과거 HOT는 강력한 팬덤을 토대로 인기몰이를 하면서 오랫동안 분열된 국내 팝 시장에서 대형화를 이루었다. 지금은 방탄소년단이 세계 팝 시장을 무대로 대형화를 이루고 있다. 대형화는 전 세계적인 현상이다. 국가 간 경제 장벽은 허물어지고 생산, 가공, 제조업은 거대 기업이 들어서며 대형화되고 있다. 현대에 글로벌 치킨 게임은 피할 수 없는 현실이다. 초기에는 제조업이 대형화된다. 기업들이 모이면 원가를 절감하고 시장을 확대할 수 있기 때문이다. B2B 산업에서는 대형화가 쉽다. 이후 진행되는 과정은 B2C 시장에서의 대형화다. 이른바 소비자들이 뭉쳐서 대형화를 이루는 것이다. 이것이 현재의 모습이다.

대형화 초기에는 원가가 절감되고 소비자에게 혜택이 돌아가는 것처럼 보인다. 그러나 절대다수가 플랫폼을 사용하고, 진입 장벽이 형성되는 순간부터 가격은 올라가고 소비자의 불이익이 시작된다. 경영자 입장에서는 '저렴하게 제공할 이유가 없기' 때문이다.

오늘날 B2C 산업에서 돈을 버는 원리는 세 가지 중 하나다. 큰 지갑을 찾거나(최고 부유층에게 집중), 수요가 많은 걸 찾거나(신성장 시장 진출), 공급자를 줄이는 것(독점화)이다. 인간을 둘러싼 재화와 서비스를 각각의 독립된 시장으로 보았을 때, 각 시장이 수익을 내는 원리는 '인간의 지갑을 얼마나 나눠 갖느냐'다. 독점 시장이 되면, 가격 경쟁을 할 필요 없이 '지불할 의향willingness to pay의 가격'을 다 받을 수 있다.

자본주의 체제에서 가장 경계하는 것이 '독점'이다. 경제학적으로는 시장이 완전 경쟁 체제가 되면 공급자의 이익은 제로에 수렴하며 따라서 소비자에게 많은 혜택이 돌아간다. 반면 시장에서 독점이 형성되면 기업은 최대한 이익을 내기 위해 모든 수단을 강구한다. 대체제가 없는 상황에서 소비자의 선택은 제품을 '사용하느냐 마느냐'의 문제이고, 이때의 가격은 소비자가 지불할 의향 내에서 최대가 된다.

예를 들어 구글 검색 엔진을 사용하는 고객이 절대다수라면 광고 회사들은 정해진 가격을 지불할 수밖에 없다. 마찬가지로 마이크로소프트의 윈도우 운영 체제나 국가적 인프라인 도시가스, 도로 등은 선택할 수 없는 성격의 것이므로 공급자 파워가 절대적이다. 특히 내수 규모가 작은 국가에서 통신, 에너지 등의 서비스를 독점하면 소비자에게 불이익이 돌아간다. 반대로 기업에서는 어떤 방법으로든 독점 체제를 갖추는 것이 지상목표다.

'고객 접점 플랫폼 원리'는 시장 경쟁이 확대되면서 단기 수익을 내기 어려워지자 생겨난 것으로, 바로 독점 체제를 이용한 생존 원리다.

—

프리미엄 전략

그러면 방탄소년단의 무료 콘텐츠 배포는 언제까지 계속되는 것일까? 아니, 수익화는 언제쯤 본격적으로 이루어질까? 그것은 수년 내에 결정될 것인데 시장의 상황을 고려한 시뮬레이션을 통해 이루어질 것이다.

국내의 소셜커머스 시장은 과거 무수한 경쟁자가 진입했으나, 티몬, 쿠팡, 위메프 등 소수의 우월적 기업들로 재편되고 있는 상황이다. 이러한 우월적 기업조차 계속되는 적자를 감수하면서 소비자 플랫폼 확보에 진력을 다하는 형편이다. 언제가 소셜커머스 사업이 수익을 내기 위해 조치를 취할 시점일까? 이에 대한 전략 선택 방법은 기업의 미래 가치에 달려 있다. 영속적으로 플랫폼 경쟁을 하기 위해 본질적 가치를 침해하지 않는 범위 내에서 캐시카우를 찾거나 볼링앨리Bowling Alley 전략(창출된 수익을 재투자)으로 대응해야 한다.

IT 기업이 한결같이 부딪히는 문제는 수익 모델 창출이다. 소비자에게 가치를 전달하기 위해 최선을 다하고 브랜드 인지도를 키웠더라도 재무적 가치로 연결시키지 못하면 그간 쌓아온 것이 물거품이 될 수 있다. 따라서 '현재의 플랫폼을 확대하고 고객 확보에 진력하는 것'과 '수익 모델을 확보해 미래 원동력을 보유하면서 성장하는 것'은 반드시 잡아야 할 두 마리의 토끼다.

따라서 소위 프리미엄Freemium이라는 수익 모델이 생겨났다. 프리미엄은 무료free와 고급premium의 합성어로, 무료 서비스로 고객을 끌어들인 후 고급 기능을 유료화해 점차적으로 수익을 창출하는 방식이다. 고객 신뢰에 기반한 플랫폼을 훼손하지 않으면서 캐시카우를 확보하는 것이다. IPTV의 유료 콘텐츠, 아마존의 멤버십 서비스, 게임 아이템 등 모두 처음에는 무료로 사용하게끔 해서 고객을 서비스에 종속시킨 후 일정 기간이 지나면 사용료를 징수한다.

이러한 경영 의사 결정은 보통 시나리오를 정해서 시뮬레이션을 하게 된다. 예상 재무제표를 도출하고 의사 결정을 하는데, 수익화에 대한 시장 충격은 측정이 어렵기 때문에 파일럿 프로그램을 가동해 단계적으로 수익화를 이루게 된다. 물론 방탄소년단이 기존의 콘텐츠를 유료화하지는 않을 것이다. 하지만 점차 수익이 되는 모델을 단계적으로 선보일 것은 자명한 사실이다.

네트워크 플랫폼에도 트렌드가 있다

방탄소년단을 중심으로 젊음, 불안, 사랑, 저항 등의 주제로 공감대를 가지고 있는 세계의 팬들은 이러한 표현의 욕구로 인해 집단을 구성하고 네트워크를 형성한다. 사람은 여러 가지 모습을 보이며 다양한 주제의 공감대를 나누기 원한다. 예를 들어 가족, 여행, 스포츠 등의 주제들이 있는데 그때의 플랫폼은 방탄소년단이 아닌 다른 표현 루트가 필요하다. 특히 현대의 10대들은 유튜브, 인스타그램, 스냅챗, 트위터 등 다양한 플랫폼을 각각의 목적에 맞게 사용한다. 즉, 현대 사회는 한 사람의 한 가지 모습이 그대로 드러나는 일방적 네트워크가 아니라 사람마다 다양한 공감대로 여러 플랫폼을 이용해 소통하는 그물형 네트워크를 보인다.

—

1 대 N에서 N 대 N 플랫폼으로

심리학자 칼 융Carl Jung은 "인간은 천 개의 가면Persona을 갖고 있어서 상황에 따라 적절한 가면을 쓰고 관계를 이뤄나간다."고 말했다. 즉 인간은 대인관계에서 (본의든 본의가 아니든) 상대방에 따라 자신이 비춰지는 모습을 각기 다르게 한다는 것이다. 누구를 만나더라도 상대방에 맞게 모습을 바꾸며, 상대방도 나를 자기 마음대로 해석하고 규정한다. 인간관계는 모두 이런 식이다. 즉 나와 타인의 관계는 '1 대 N'이 아니라 'N 대 N'의 관계다.

온라인 환경 상에서 N 대 N 인간관계의 현실을 구현해내기란 거의 불가능하다. 대표적인 예로 페이스북에 올린 글은 친구 맺은 이들 모두에게 노출된다. 따라서 '누가 보더라도 무방한' 일반적인 내용이나 함축적인 표현만 올라오게 된다. 아니면 기껏해야 그룹을 만들어 각 그룹용 가면을 쓰는 게 전부다.

미국의 여론조사 기관 퓨 리서치 센터의 조사에 의하면 2018년 미국 10대 청소년 가운데 페이스북 사용자는 51퍼센트로 2015년의 71퍼센트에 비해 20퍼센트 줄었으며, '페이스북을 신뢰한다'고 답한 비율은 단 9퍼센트에 그쳤다. 가면을 쓰는 데 익숙하지 않은 청소년은 SNS에 뛰어들기도 쉽지만 떠나기도 쉽다. 페이스북이나 트위터가 한계를 드러내는 본질적 이유는 인간의 수많은 페르소나 표현에 실패했기 때문이다.

반면에 다양성에 기반한 플랫폼인 '개인 또는 그룹 모바일 메시징 서비스'는 크게 성장하고 있다. 카카오톡, 스냅챗, 위챗 등으로 대표되는 'N 대 N 플랫폼'은 일원적인 개인 성향 표출이 아닌, 상대방과의 사회적 관계에 따라 감정 소통을 가능하게 한다. 또한 젊은 사람들은 페이스북에서처럼 자신을 일방적으로 표현하기보다 차라리 유튜브에서 관심사를 찾아 커뮤니티 활동을 하기 원한다.

현대의 모바일 SNS는 단순한 의사소통 서비스가 아니다. 지금은 고객 접점 플랫폼 확장에 집중하고 있지만, 앞으로는 사용자가 오프라인만큼 풍부하게 감정을 전달해 온라인에서도 사회관계망을 온전히 구축하게 하는 것이 궁극적인 목표다.

이와 같이 많은 기업들이 사용자가 각각의 N 대 N 관계에서 정체성을 표현할 수 있도록 도와주는 메시지, 이모티콘, 배경, 선물, 사진, 금융, 유통 등의 서비스를 확대, 개발하고 제공하는 데 발 빠르게 움직이고 있다.

—

N 대 N 비즈니스

N 대 N 플랫폼의 개념은 유통 산업에서도 찾아볼 수 있다. 인간은 자신의 관심 분야에는 시간과 비용을 투자하지만, 그렇지 않은 분야는 그저 무난하게 '남들을 따라서' 하려고 한다. 일반적으로 패션에 관심 있는 직장인 여성은 컴퓨터 소프트웨어나 가구 조립에 무관심하고, 전자기기에 관심 있는 중년 남성은 유행 패션이나 영화에 관심을 보이지 않는데, 이러한 성향은 소비 패턴에 그대로 반영된다. 결국 인간과 제품·서비스 역시 N 대 N의 관계다.

예를 들어 어린 자녀를 둔 젊은 여성은 자신이 관심 있는 여성 의류는 백화점이나 매장에서 꼼꼼하게 비교하고 최신 유행 제품을 구매하지만, 남편이나 자녀의 옷은 아울렛 등에서 적당한 중저가 브랜드를 구매한다. 또한 합리적 쇼핑 고객군은 평소에는 온라인으로 저렴한 식품만 주문하다가 명절 선물은 직접 매장에 가서 최고급으로 구매한다.

현대에 이슈가 되고 있는 옴니채널 전략이나 360도 고객 분석도 바로 이러한 N 대 N 플랫폼의 필요에서 기인한 현상이다. 과거에는 경제력 있는 VIP 고객에게 모든 마케팅을 집중했지만, 이는 고객 입장에서 매우 비효율적인 방식이다. 다양성이 증대되는 현대에서는 서비스 채널별 종합적 고객 분석을 통해 제품이나 서비스별로 최적 마케팅을 수행하는 기업만이 살아남는다.

이렇듯 오늘날 소비의 시대에는 소비자에게 맞춘 서비스들이 무한 경쟁을 하고 있다. 점차 소비자의 다양한 요구를 맞추는 세부적인 제품, 플랫폼, 서비스들이 무수히 생겨날 것이다. 고객의 요구를 해결하고 신뢰는 얻는 일은 언제나 높은 비용을 필요로 한다. 초기에 수익화를 하기 힘든 사업은 투자를 유치하거나 현금 재투자가 필요한데, 이를 위해 높은 성장률을 얻거나 초기 성과로 현금을 확보하는 방안에 대해서는 다음 장에서 살펴보기로 한다.

Summary ❶
소비 혁명

- 현대에 논의되는 4차 산업혁명은 전 산업 분야에 걸쳐 일어나는 '소비 혁명'이다. 물질과 정보가 과잉 생산되고 있으며, 이제는 생산보다 소비가 더 중요한 경제 이슈로 떠오르고 있다.

- 기업이 소비자의 기초 니즈를 얼마나 충족하는지에 따라 사업의 성패가 갈린다. 소비자를 바라보고 매출을 잊을 때 장기적이고 지속 가능한 사업을 유지할 수 있으며, 소비자를 잊고 매출에 관심 갖는 순간 기업은 나락으로 떨어지게 된다.

- 소비의 시대를 살고 있는 현대인에게 구매에 영향을 미치는 요인 중에는 플랫폼의 비중이 압도적으로 크다. 고객의 마음을 얻기 위해서는 고객과의 소통이 많아야 한다. 그 소통이 일어나는 곳이 플랫폼이다.

- 방탄소년단이 무료 콘텐츠로 팬들의 마음을 사로잡았듯이 많은 기업들이 무료 서비스로 고객의 관심을 끈다. 고객을 위한 서비스를 꾸준히 제공해 고객의 활동량을 늘리고 신뢰를 얻기 위함이다.

- 플랫폼 기업은 결국 승자가 모든 것을 가져가며, 소비자가 그동안의 비용을 지불하도록 한다. 대형화 초기에는 원가가 절감되고 소비자에게 혜택이 돌아가는 것처럼 보인다. 그러나 절대다수가 플랫폼을 사용하고 진입 장벽이 형성되는 시점부터는 가격을 올려 소비자로부터 수익을 낸다.

- 현대 사회는 한 사람의 한 가지 모습이 그대로 드러나는 일방적 네트워크가 아닌, 사람마다 다양한 공감대로 여러 플랫폼을 이용해 소통하는 그물형 네트워크를 보인다.

CHAPTER 02

시장의 흐름을 읽는 안목, 어떻게 키우나

성공 가능한 시장은 언제나 존재한다

방탄소년단이 적절하게 성장 시장에 진입했듯이 우리 회사도 적절히 성장 시장에 진입할 수 있을까? 앞으로는 어떤 사업이 유망할까? 앞으로의 경쟁은 어떻게 될까? 많은 경영자들이 소위 '뜨는' 시장에 관심이 많다. 시장의 성숙 단계만 알 수 있다면 이미 사업은 절반은 성공한 것이다. 이 장에서는 시장의 흐름을 읽는 방법을 산업 수명 주기 프레임을 통해 알아본다.

산업 수명 주기는 스타트업 경영자나 신사업 담당자라면 반드시 알아야 할 가장 중요한 시장 원리다. 각 단계별 시장의 특징을 인지하고 명백히 구분할 필요가 있다. 주요 구분 속성은 시장의 성장률, 경쟁 정도, 반응 고객, 영업이익률 등이 있다. 리서치를 통해 각 속성을 측정하고 최종적으로 단계를 이해하는 것이 필요하다.

산업 수명 주기 단계별 특징

단계	도입	성장	성숙	쇠퇴
성장률	증가 또는 정체	증가	정체	감소
경쟁 정도	낮음	중대	높음	감소
기업 특징	중소형 기업 수입 기업	대형 기업 진입 및 정착	대형 기업 과점	대형 기업
제품	소수 제품	종류 증가	최적 개수	우수 제품
유통	제한적	판매점 수 증대	다양한 채널	축소
가격	높음	낮음	다양	다양
반응 고객	얼리어댑터 사용	유행 민감 대중 사용 얼리어댑터 감소	보수 대중 사용 유행 민감 대중 감소	보수 대중 감소
전략	브랜드 구축 교육/인지 완전완비제품개발 캐즘 돌파 전략	모방 소수 제품 확장 스피드	대형화 전문화 차별화 경쟁 전략	수익성 강화 턴어라운드

미시 관점의 시장

산업 수명 주기를 분석하고자 할 때 그 단계를 혼동하는 경우가 있다. 수많은 기업의 경영자와 전략 담당자들은 의사 결정을 하기 전에 시장을 예측하고자 노력하지만 시장을 잘못 읽어서 시기를 놓치거나 잘못된 판단으로 기업을 위태롭게 하는 경우가 많다. 현대의 다양하고 급변하는 경영 환경에서 시장을 정확히 분석하는 일은 점점 어려워지고 있다. 그렇다면 시장을 정확히 판단하기 위해서는 어떻게 해야 할까? 미시 관점을 통해 세부 시장을 명확히 구분하고, 산업 수명 주기 각 단계별 특징을 기준으로 시장 단계를 판별하는 것이 필요하다.

—

세부 시장: 잔잔히 흐르는 강에도 물살이 센 곳은 있다

방탄소년단이 데뷔할 당시 한국의 팝 시장은 성숙 단계였다. 메이저 기획사의 아이돌 그룹이 시장을 과점하고 있었으며 방송사도 대형 기획사와 강한 제휴 관계를 가지고 있어서 중소 기획사 아이돌인 방탄소년단이 진입하기가 어려웠다. 한국 팝 시장과 마찬가지로 미국의 음악 시장도 성장률이 제로에 가까운 침체기였다. 세계의 팝 시장은 전체적으로 봤을 때는 성장 시장이 아니다. 그러나 아시아 지역은 구매력이 높지 않아 파이는 크지 않지만 성장률이 높아 매력적인 시장이었다. 또한 아시아 지역의 많은 젊은 층이 미주 지역에 진출하는 트렌드가 있었다. 이렇듯 거대 시장에도 세부적으로는 성장 시장이 있고 기회가 존재한다.

유사한 사례로 휴대폰 유통 시장을 살펴보자. 2010년대 중반 휴대폰 유통 시장을 전체로 보면 성장이 답보 상태인 성숙 시장이었다. 경쟁은 매우 치열했으며 더 이상 혁신적 휴대폰은 나오지 않았다. 이 시장은 명백한 성숙 단계며 진입하지 않는 것이 올바른 판단일 것이다. 하지만 시장을 세분화해서 보면 이야기가 달라진다. 휴대폰 유통 시장에서도 소매 채널은 연평균 11퍼센트가 감소하고 있는 반면, 온라인 채널은 연평균 81퍼센트가 증가하고 있었다. 따라서 세부 시장 관점에서 온라인 휴대폰 시장은 성장 단계로 볼 수 있다. 실제로 한 통신사는 온라인 전문 유통점을 오픈해 성장 시장을 장악할 수 있었다.

이렇듯 시장을 세분화해서 보면 산업 수명 단계가 달라질 수 있다. 시장별로 충분히 경계가 있고 진입 및 비즈니스 수행이 가능한 수준 내에서 시장 범위를 정의하고 분석해야 한다. 가능한 한 시장을 정밀하게 보고 산업 수명 단계를 판단하는 것이 중요한데 그 이유는 너무 큰 단위로 분석할 경우 매력적인 세부 시장을 놓칠 위험이 있기 때문이다.

가능성 있는 세부 시장을 찾아냈다면 그다음은 그 세부 시장에 우리 기업이 진입할 수 있는지를 검토해야 한다. 예를 들어 교육 시장 전체 규모는 매년 3퍼센트씩 감소하고 있지만 시장을 세분화해서 보면 0~14세 유아 및 초등학생을 대상으로 한 엔젤 산업은 지난 10년간 연평균 10퍼센트 이상 성장한 매력적인 시장이다. 이 시장은 일반 교육 시장과는 필요 역량이 뚜렷이 달라 아무나 뛰어들 수는 없다. 진입 장벽이 높다면 시장에 뛰어들 역량이 있는지부터 분석해야 한다. 이렇듯 시장에 뛰어들 때 자사의 역량을 감안해서 가장 성장하는 세부 시장으로 진입하면 이미 절반은 성공한 것이다.

전통적인 산업 구분으로 보았을 때, 성장 산업은 극히 드물며, 있다 하더라도 이미 경쟁이 심한 레드오션이다. 그렇다고 기회가 없는 것은 아니다. 사회가 변하고 소비자의 니즈가 꾸준히 생성, 소멸됨에 따라 성장하는 사업 분야는 언제나 존재한다. 방탄소년단은 성숙기에 있는 세계 팝 시장에서 아시아 시장, 네트워크 기술, 재편집 콘텐츠 등의 성장 시장을 타고 인기를 얻을 수 있었다. 흐름을 큰 시장 단위로 바라보면 보이지 않기 때문에 시장을 적절히 세분화해서 보는 것이 필요하다. 잔잔히 흐르는 것처럼 보이는 강에도 물살이 센 곳과 약한 곳이 있기 마련이다.

타이밍: 언제 시장에 뛰어들어야 할까?

—

도입 단계와 성장 단계의 차이

2000년대 초 SM엔터테인먼트의 보아가 아시아 시장에 등장할 당시 소비자의 호응은 매우 좋았다. 머지않아 K팝이 세계 무대에서 통할 거라는 기대감이 팽배해졌다. JYP엔터테인먼트의 아이돌 그룹 원더걸스는 세계 시장을 제패하려는 전략을 수립했다. 미국 시장에서 K팝은 경쟁자가 없는 무주공산이었으며 가능성이 무한한 매력적인 시장으로 판단했던 것이다. 2008년 원더걸스는 복고풍의 댄스곡 〈노바디Nobody〉를 앞세워 미국 시장에 진출했으나 소비자의 수요는 많지 않았다. 반짝 인기를 얻는가 싶더니 오랜 정체를 겪게 되었고, 결국 미국 시장에서 철수했다. 이러한 미국 시장이 2010년대 중반에 이르러서야 퍼포먼스, 뮤직비디오, EDM 등의 K팝 니즈가 폭발하며 방탄소년단에 의해 급성장을 이루게 되었다.

원더걸스의 사례는 도입 단계를 성장 단계로 잘못 판단한 케이스다. 특정 고객군이 반응해 소비가 증가하는 것을 일반 대중이 반응하는 것으로 착각하고 성장 단계로 판단한 것이다.

제품이 도입 단계에 들어서고 대중화되기 이전에는 수요가 정체되는 시기인 캐즘이 존재한다. 캐즘에 갇혔을 때 기본적으로 고객은 학습하는 시간을 필요로 한다. 캐즘을 넘으면 성장 단계로 진입하게 되는데 성장 단계에서 가장 먼저 반응하는 유행 대중 고객은 완전완비제품에 폭발적으로 유행을 일으키는 고객군이다. 주로 가격 및 유행에 민감하며 비교적 젊은 고객층이다.

2000년대 K팝은 북미 시장에서 '무언가 대단하지만 생소한' 제품이었다. 아이돌 그룹의 외모는 친근하지 않았고 가사는 낯설었다. 유통도 제한적이어서 접할 기회도 많지 않았다. 주로 아시안, 히스패닉 계통의 비주류 고객만 반응했고 일반 대중에 알려지지 않았음을 볼 때 도입 단계였다. 가격과 유행에 민감한 스니저 고객이 즐길 때가 성장 시장의 시작이다. 이들이 사용할 때, 캐즘을 넘어 폭발적인 대중 소비자 시장이 열린다. 그 뒤 빠르게 유통 및 경쟁이 확대되는 성장 단계로 진입한다.

—

성장 단계와 성숙 단계의 차이

2000년대 후반 이디야는 커피전문점 시장에 뛰어들었다. 당시 많은 전문가들이 커피전문점 시장은 포화 상태로 더 이상 성장이 어려울 것이라고 예상했다. 하지만 뚜껑을 열어보니 이디야는 매년 급성장을 거듭했다. 커피전문점 시장이 성숙 단계인 줄 알았는데 여전히 성장 단계였다. 당시 소비자의 니즈는 충분히 높았는데 매장의 크기와 입지의 한계가 진입 장벽으로 작용했을 뿐이었다. 이렇듯 많은 사람들이 성장이 주춤했던 현상을 성숙 단계로 잘못 판단한다. 숨겨진 니즈를 파악한 이디야는 소비자 접근성을 높인 소규모 매장 전략으로 시장을 확대해나갔고, 커피전문점은 여전히 성장 단계를 이어갔다.

성숙 단계에서는 성장률이 정체됨과 동시에 경쟁이 심해져서 차별화된 상품들이 나오기 시작한다. 대형화의 장점을 살려 몇몇 기업의 과점 상태로 재편되게 된다. 2010년대 중반 커피전문점 시장에서는 규모의 성장세가 한풀 꺾였지만 성장률이 정체하지는 않았다. 기타 요식업이나 휴대폰 대리점처럼 경쟁이 과도하게 심하지도 않았다. 커피전문점은 유행 민감 대중의 수요가 꾸준히 증대하고 있으며 서서히 다양한 차별화가 진행되고 있다. 그러나 커피전문점 시장 전체로 봤을 때, 현재에도 매년 10퍼센트 이상 성장하고 있다. 또한 일본의 커피 시장이 우리나라보다 네 배나 높은 것을 감안할 때 아직 성장 단계로 분석된다. 경쟁, 성장률, 그리고 영업이익률로 세부 시장을 바라볼 때 시장의 흐름을 정확히 파악할 수 있다.

애플과 방탄소년단의 공통점: 단계별 가격 전략

왜 방탄소년단은 아직 수익을 추구하지 않을까? 기업은 언제 수익화를 해야 하는 것일까? 흔히 경영의 반은 가격이라고 한다. 가격은 작은 차이라 할지라도 전체 성과에 미치는 영향이 강력하다. 따라서 가격 정책은 좀 더 세밀하게 접근할 필요가 있다. 앞서 살펴본 산업 수명 주기(시장)와 제품 수용 주기(소비자)에 따른 경영 법칙이 가격 전략에도 그대로 적용된다.

2007년 애플의 스티브 잡스는 아이폰의 가격을 599달러에서 399달러로 인하했다. 이는 애플 마니아들을 자극했으며 엄청난 항의에 시달려야 했다. 이러한 비난을 감수하면서 굳이 가격을 대폭 인하한 이유는 무엇일까?

기업은 사업 전략이 있으며 가격 전략은 이에 맞춰 수립된다. 주로 산업 수명 주기에 따른 전략으로 설명할 수 있는데, 시장이 산업 수명 주기 상 도입 단계에 있을 때는 브랜딩과 수익성 확보가 중요하다. 따라서 이때는 저가보다는 고가 정책을 펴서 이때 반응하는 일부 고객으로부터 현금을 확보하는 초기 고가 전략을 (이와 함께 브랜드 구축을) 해야 한다.

성장 단계에 들어섰을 때는 시장 점유율을 확대해 시장의 강자가 되는 것이 중요하다. 따라서 상대적으로 저가 정책을 펴서 캐즘을 넘고 시장 점유율을 늘려야 한다.

성숙 단계에 오면 시장 점유율과 수익성이 모두 중요하다. 따라서 매출을 높이는 것이 필요하다. 이때는 매출을 극대화하는 가격에 맞춰야 한다. 그리고 쇠퇴 단계에 오게 되면 수익성 위주로 높은 가격을 설정하여 현금을 확보해야 한다.

방탄소년단의 초저가(무료) 전략은 성장 단계에 있는 아시아 지역 청소년층에 적절한 선택이었다. 물론 무형 콘텐츠의 특성상 공급 비용이 제로에 가까운 이유도 있지만, 양질의 콘텐츠를 무료로 퍼뜨린 선택은 K팝 스타의 경험에 목말라 있는 많은 팬에게 강하게 어필하기에 충분했다.

애플의 가격 전략도 산업 수명 주기에 따라 최적의 가격을 계산한 결과다. 아이폰을 초기에 출시할 당시 599달러라는 높은 가격을 책정해 도입 단계에서 얼리어댑터로부터 매출을 증대시키고 프리미엄 브랜드를 구축했다. 이후 성장 단계로 진입하기 위해 399달러로 가격을 낮추고 캐즘을 돌파했다. 아이폰은 빠르게 시장을 장악했으며 스마트폰의 대중화를 가져왔다. 이후 나오는 아이폰 버전에서는 매출을 극대화하는 가격대를 국가별로 책정하는 성숙 단계 전략을 구사했다. 이렇듯 시장의 성장 단계별로 목적이 다르고 가격 전략이 다르다.

Summary ❷
시장의 흐름

- 사업의 성공 여부는 시장의 흐름이 과반을 차지한다. 시장의 흐름을 읽는 방법은 산업 수명 주기 프레임을 이용한다.

- 거대 시장에도 세부적으로는 성장 시장이 있고 기회가 존재한다. 자사의 역량에 기반해 시장 진입이 가능한 수준에서 가장 성장하는 세부 시장으로 진입하는 것이 필요하다.

- 도입 단계에서 성장 단계로 넘어갈 때에는 캐즘 기간을 거친다. 주로 가격과 유행에 민감한 젊은 스니저 고객이 즐길 때가 캐즘을 넘어 성장 단계에 돌입하는 시점이라고 볼 수 있다.

- 성숙 단계에서는 성장률이 정체됨과 동시에 경쟁이 심해져서 차별화된 상품들이 나오기 시작한다. 경쟁, 성장률, 그리고 영업이익률로 세부 시장을 바라볼 때 시장의 현재 상태를 정확히 파악할 수 있다.

- 시장의 성장 단계별로 목적이 다르고 가격 전략이 다르다. 도입 단계에 있을 때는 브랜딩과 수익성 확보를 위해 초기 고가 전략을 하고, 성장 단계에 들어섰을 때는 시장 점유율을 위한 저가 정책이 필요하며, 성숙 단계에 오면 매출을 극대화하는 가격 정책을 시행해야 한다. 그리고 쇠퇴 단계에 오게 되면 높은 가격을 설정해 현금을 확보한다.

CHAPTER 03

4차 산업혁명 시대의 마케터로 사는 법

세계 시장에 입소문을 내는 비결

방탄소년단의 뮤직비디오, 방송 활동 등은 일반 팬들에게 비교적 정석적인 방식으로 접근해서 많은 호응을 얻어냈다. 하지만 유행이 뻗어나가는 데는 SNS 활동이나 비정규 인터넷 미디어 활동 등으로 인한 팬들과의 소통, 콘텐츠 재편집 활동이 더 큰 역할을 했다. 자유롭고 비공식적인 콘텐츠들은 무수한 이야기를 만들어내며 걷잡을 수 없이 증폭되었다. 그렇다면 그 파급력이 증폭되기 위해서는 어떠한 요소가 필요했을까?

타깃 고객층을 정해 공략했으면 그 고객을 이용해 널리 전

파시켜야 한다. 그러나 그 파급 효과는 가만히 있는다고 일어
나지 않는다. 그들에게 전파할 수 있는 이야깃거리를 던져주어
야 한다. 그 내용은 이야기할 만한 재미있는 소재일수록 좋으
며 동경 심리와 친밀감을 더 증폭시켜야 한다. 또한 마케팅을
실행하는 과정에서는 언제나 한계에 부딪히게 된다. 그때는 목
적을 성취하는 데 전략적 문제 해결이 필요하다. 방탄소년단의
사례와 유사한 한 음료 회사의 네트워크 마케팅 사례를 한 가
지 소개한다.

레드불Red Bull은 오스트리아의 음료 회사인 레드불 GmbH가
제조하여 판매하는 고카페인 에너지 음료다. 1987년에 처음 출
시되어 세계 시장에서 전례가 없이 급성장했다.

레드불은 에너지 음료 시장의 폭발을 일으키기 위해서는 활
력이 넘치는 젊은 고객들을 타깃으로 해서 유행을 일으켜야 한
다고 생각했다. 유행을 선도하는 젊은이들에게 소규모의 음료
회사가 신제품을 판매한다는 것은 여간 어려운 일이 아니었다.
소위 잘나간다는 젊은 유행 선도 고객들은 매우 까다롭고 마케
팅으로 접근하기도 어려웠기 때문이다. 레드불은 본래의 목적
에 집중했다. "유행 선도 젊은 고객에게 화제성을 일으킨다."
이에 레드불은 전통적인 마케팅 방식에서 탈피해 목적을 이루

기 위해 수단과 방법을 가리지 않았다. 법의 테두리 안에서 할 수 있는 모든 방안을 자유롭게 구상했다.

첫 번째로 레드불은 이상한 소문을 의도적으로 퍼뜨렸다. 그 것은 "레드불은 마약이나 최음제가 미량 들어 있다." 또는 "레드불은 소의 고환에서 추출한 성분이 함유되어 있다." 등의 화제성 있는 소문이었다. 이야깃거리를 좋아하고 새롭고 자극적인 소재를 좋아하는 젊은 사람들은 이에 열광적으로 반응해 이러한 소문은 급격히 확산되었다.

두 번째로 레드불은 유행에 민감한 젊은 고객이 많이 모이는 유흥가 클럽의 화장실에 찌그러진 레드불 빈 캔을 의도적으로 마구 뿌려 놓았다. 클럽에 온 많은 사람들은 화장실 구석구석의 레드불 캔을 보고는 '잘나가는 애들이 클럽에서 레드불을 많이 마시는구나.'라고 착각하게 되었다. 따라서 레드불의 이미지를 동경했고 레드불 소비가 늘어났으며 레드불은 에너지 넘치고 트렌디한 젊음의 상징이 되었다.

세 번째로 레드불은 젊은 고객이 주로 보는 익스트림 스포츠에 광고했다. 주로 격투기, 레이싱, 스케이트보드 등인데 이러한 스포츠들은 시청자가 젊은 고객으로 한정되어 있어서 광고주를 찾는 데 목말라 있었다. 레드불은 이러한 익스트림 스포츠에만 전략적으로 광고해 타깃 고객들에게 꾸준히 노출시켰다.

결국 레드불은 젊은 유행 선도 고객군의 폭발을 일으켰고 전세계적으로 유행을 확산시켜 성공할 수 있었다. 자본이 별로 없는 조그만 음료 회사가 적은 투자로 거대 글로벌 기업까지 성장할 수 있었던 비결은 다름 아닌 목적을 위해서 수단과 방법을 가리지 않고 최적의 마케팅을 수행하는 자세였다.

마치 처음인 것처럼 접근하라

문제를 해결하려는 노력은 의지에 달려 있고 상황에 달려 있다. 대기업일수록 그리고 경험이 많은 사람일수록 틀에 박힌 사고를 하는 경향이 있다. 경험을 활용하는 것은 좋지만 자칫하면 목적 지향적 사고를 잊어버리거나 현대의 트렌드를 놓칠 위험이 있다. 오랜 동안 자신이 해왔던 방식은 편하고 안전하다. 특이한 것을 했다가 실적이 나쁘면 본인만 손해다. 회사가 죽느냐 사느냐의 위기 상황까지 가지 않으면 절대 혁신적 행동은 하지 않는다.

문제 해결을 표현하는 말들 중 하나는 '뷰자데vuja de'다. 뷰자데는 로버트 서튼Robert Sutton의 『역발상의 법칙』에 나온 데자뷰의 반대말로, 일상적인 행위지만 마치 처음 하는 것 같은 느낌을 받는 것을 말한다. 마치 익숙한 인간의 행동들을 처음 보는 것처럼 해석해야 한다. 예를 들어 '저 사람은 왜 저렇게 걸어 다닐까? 저 사람은 왜 머리색이 검정색일까?'라고 의문을 가지며 보아야 한다. 목적을 분명히 하고 어린아이의 마음으로 제로베이스에서 생각해야 한다. 수단과 방법을 가리지 말고 답을 찾자. 브레인스토밍brainstorming을 하여 논박을 통해 가설-검증하며 찾아나가는 것이다. 레드불도 젊은 고객에게 접근하는 방식을 자유롭게 브레인스토밍해 최종 방안을 도출했다.

감자 깎는 칼을 제조하는 A사는 성능 좋은 칼로 시장을 석권했지만 대다수의 주부들이 칼을 갖게 되자 더 이상 매출을 성장시킬 수 없었다. 이런저런 방식의 마케팅을 다 해보았지만 소용이 없었다. 이에 컨설턴트들은 '사람들이 감자 깎는 칼을 하나 더 구매하게 하는' 목적에 집중해 관찰 조사를 실시했다.

주부들이 껍질을 모으는 그릇을 받치고 감자 껍질을 깎기 시작했다. 감자를 모두 깎은 주부들은 칼을 껍질이 수북한 그릇 위에 두고 감자를 정리했다. 그 후 껍질이 쌓여 있는 그릇에서 칼만 집어 들고 내용물을 모두 쓰레기통에 버렸다.

컨설턴트는 다음과 같은 답을 내었다. "칼 손잡이를 감자 껍질과 같은 색으로 만드세요." 그 결과, 감자 깎는 칼의 판매가 증가했다. 그 이유는 주부들이 감자 껍질을 쓰레기통에 버릴 때

(색깔이 비슷해서) 칼이 있는 줄 모르고 함께 버렸기 때문이다. 어쩔 수 없이 주부들은 감자 깎는 칼을 다시 구매할 수밖에 없었다. A사가 일반적인 마케팅 도구들에서 헤어나지 못한 반면, 컨설턴트들은 목적에 집중해 답을 낸 것이다.

물리학자 아인슈타인은 다음과 같은 말을 했다.

"내게 문제를 푸는 데 한 시간이 주어진다면, 59분을 문제를 정의하는 데 사용하고 1분을 해결책을 찾는 데 사용할 것이다."

컨설턴트들이 처음부터 혁신적인 답을 내려고 노력하는 것은 아니다. 다만 문제에 집중해 해결 방법을 고민하다 보니 절묘한 방안이 나온 것이다. 비즈니스에서 창의성은 천재의 머릿속에서 불현듯 떠오르는 것이 아니다. 문제에 집중해 그 해결 방법을 고민하는 데서 나온다.

켈로그 경영대학원의 앤드루 라제기Andrew Razeghi 교수는 다음과 같은 말을 했다. "구체적인 목적이 제시되지 않은 상태에서 혁신을 추구하는 것은 병을 진단하기도 전에 수술부터 하겠다고 나서는 외과의사와 같다."

문제에 집중하라. 이것이 우리 안의 창의성을 끌어내는 유일한 길이며, 인공지능의 시대에 꼭 필요한 자세다.

트렌드를 앞서가려면 '가설'을 세워라

방탄소년단이 네트워크 기술의 향상, 글로벌 재편집 콘텐츠, 열린 결말 기법 등의 트렌드를 이용한 것은 값진 우연이었다. 어떻게 하면 이러한 트렌드를 한 발짝 아니 반 발짝이라도 먼저 파악할 수 있을까?

현대에는 성장하고 있는 트렌드를 얼마나 먼저 파악하고 거기에 뛰어드는지에 따라 비즈니스의 성패가 갈린다. 그러나 트렌드를 예측하는 것은 매우 어렵다. 아무런 목적 없이 시장을 바라보면 아무것도 보이지 않는다. 아는 만큼 보이는 법이다. 시장을 분석하고 고객을 분석하는 비결은 가설을 세우고 흔적 사실fact 데이터를 수집하는 것에서 출발한다.

대부분의 사람들이 중요한 비즈니스 현상을 그냥 지나친다. 하지만 고객 입장에서 가설을 세우고 현상을 관찰하면 언뜻 평범해 보이는 것도 눈에 들어와 문제 해결에 결정적인 역할을 한다. 가설 기반 문제 해결로 유명한 소설의 주인공 셜록 홈스의 일화를 살펴보자.

소설 『실버 블레이즈』에서는 마부가 죽고 경주마가 도난당하는 사건이 발생한다. 홈스는 사건 현장을 조사하면서 사건 관계자들에게 물었다.

"그날 밤 특이한 일은 없었나요?"

사건 관계자들은 대답했다.

"특이한 일은 전혀 없었습니다."

홈스는 다른 질문을 던졌다.

"그럼 그날 밤 개는 어땠죠?"

그러자 모두들 대답했다.

"개는 조용히 있었습니다."

홈스가 대답했다.

"그것이 특이한 것 아닌가요?"

원래 침입자가 나타나면 짖어서 가족에게 알리는 개가 짖지 않았다는 것은 특이한 일이다. 홈스는 개가 짖지 않은 것으로 잘 아는 사람이 범인이라는 추리에 도달했다. 홈스는 '범인의 입장'에서 집에 침입하는 가설을 검증했는데, 개가 짖지 않았다는 사실이 이상했던 것이다.

트렌드를 누구보다 빨리 파악하고 싶다면 특이한 사실에 집중하고, 그것을 논리적으로 설명하기 위한 가설을 세우고 검증하는 활동을 반복해야 한다. 실제 비즈니스 상황에서 이러한 가설 접근 문제 해결의 사례를 소개한다.

한 선글라스 전문점에서 저가로 내놓은 선글라스가 눈에 띄게 성과가 저조했다. 제조사 대표는 가격에 민감한 고객 입장에서 가설적으로 구매를 생각해보았다. 그때 마트 관리자의 말이 특이한 사실로 떠올랐다. "1+1(원 플러스 원) 행사 상품은 불티나게 팔리는데 50퍼센트 할인하면 하나도 안 팔립니다". 왜 1+1 행사 상품은 팔리고 50퍼센트 할인 상품은 안 팔릴까? 고객의 관점에서 보면 (과거의 경험상) 50퍼센트 할인 상품은 제품 자체에 문제가 있어서 가격이 떨어진 것이고, 1+1 상품은 사은 행사 또는 신제품 행사 때문에 좋은 상품을 잠깐 저렴하게 (하나 더) 주는 느낌이다. 고객의 일반적 니즈는 '고품질의 제품을 저렴하게 구입하고 싶다.'였던 것이다. 품질 낮은 제품을 할인해주는 것은 싫어한다.

고객은 저렴한 가격의 선글라스를 품질이 낮다고 생각한다. 사실 대부분의 고객이 선글라스의 품질을 잘 알지 못한다. 가격이 품질을 설명하는 현상이 발생하는 것이다. 고객에게 선글라스가 품질이 좋다는 것을 인지시키는 가장 좋은 방법은 선글라스 가격 태그에 높은 가격을 표시해놓는 것이다. 이에 제조사 대표는 가격을 높여 제품의 품질이 좋다는 메시지를 전달했다. 고품질의 제품을 저렴하게 구입하고 싶다는 고객의 본질적 니즈를 해결한 것이다. 이 전략은 바로 실행되었으며 그해 높은 성과를 올리게 되었다.

구체적 성공 요인을 찾고자 한다면 특이한 사실에 주목하고 그것을 논리적으로 설명하는 데 주력해야 한다. 특이한 사실에는 보물 상자가 숨어 있기 때문이다. 그러기 위해서는 가설에 의한 접근이 필요하다.

많은 사람들이 비즈니스 문제를 해결하려고 할 때 막연히 자료를 수집하고 분석하려 한다. 그러나 자료부터 분석하는 것은 바다를 끓이는 행위다. 자료에 파묻히다 보면 점점 '내가 자료를 쓰는 것'이 아니라 '자료가 나를 쓰게' 된다. 거대한 자료 앞에서 무엇을 해야 할지 몰라 길을 잃고 헤매게 된다.

따라서 활용을 먼저 생각하고 분석에 들어가야 한다. 우리가 가진 자료는 가설을 검증하는 하나의 도구에 지나지 않는다. 우리는 목적을 뚜렷이 하고 능동적으로 필요한 자료를 찾아 써야 한다. 그러기 위해서는 문제 해결의 답(가설)을 먼저 내고 분석해야 한다. 가설이란 고객의 본질적 니즈에 집중해 제로베이스에서 답을 찾는 것이다. 본질적 문제를 해결하려면 가설로 접근하고 관찰, 데이터, 사례로 해결해나가는 습관이 필요하다.

이 책에서 중점적으로 언급하는 방탄소년단의 성공 요인도 가설을 세우고 비판적으로 바라보면 큰 도움이 된다. 이를 선의의 비판자devil's advocate 역할이라고 하는데, 이렇게 보았을 경우 다양한 각도에서 원리를 찾아가는 훈련을 할 수 있다. 예를 들어 "방탄소년단은 데뷔 때부터 줄곧 열심히 활동했는데 왜 지금에 와서야 주목받았을까?" 또는 "다른 아이돌 그룹의 안무가 더 화려한데 왜 방탄소년단의 안무만 해외에서 화제가 될까?" 와 같은 질문이다. 이러한 질문은 일면 대답하기 어렵다. 하지만 이것이 논리적 사고 훈련이며, 이러한 과정은 깊이 있는 성공 원리를 찾는 데 큰 도움을 준다.

코카콜라의 고객 조사가 실패한 이유

완전완비제품의 가장 큰 특징은 고객의 눈높이에 맞추는 것이다. 단순히 그 제품의 요소뿐만 아니라 타깃 고객의 문화와 습관까지 고려해 익숙함을 전달해야 한다. 아이폰 사례에서 볼 수 있듯이 필요에 따라서는 기술 수준을 낮추기도 해야 한다. 그러면 고객을 이해하고 눈높이를 맞추기 위해서는 어떻게 해야 할까? 시장 조사, 고객 조사에 많은 노력을 해야 할까?

1985년 코카콜라는 젊은 고객층을 타깃으로 하여 전략적 신제품인 뉴코크를 출시했다. 당시 뉴코크에 대한 사전 조사에 400만 달러를 지출했으며 20만 명 가량의 소비자 인터뷰를 수행했다. 시음 테스트에서는 63퍼센트 대 37퍼센트라는 차이로 뉴코크의 선호도가 이전 제품을 압도했다. 이러한 결과를 바탕으로 코카콜라는 뉴코크에 대한 성공을 확신했으며 대대적인 판매에 들어갔다. 하지만 뉴코크는 시장에서 참패를 하게 되고 결국 판매를 중단하기에 이르렀다. 헛되이 마케팅 비용 4,800만 달러를 소비했으며 충성 고객의 신뢰를 떨어뜨리는 결과를 초래했다.

어째서 고객 조사와 실제 결과가 다르게 나왔을까? 제품의 기능 이외에도 인간 행동 심리, 가치관 등이 고객의 제품 구매 결정에 큰 영향을 미친다. 기본 니즈 외의 고객 행동 원인 분석은 조사를 통해 나오기 힘든 종류다. 단순한 설문 및 통계가 아닌 고객의 속마음을 읽는 방법이 필요하다.

세상에 세 가지 거짓말이 있다고 한다. 거짓말, 새빨간 거짓말, 그리고 통계. 나는 마케팅에선 '통계, 설문, 인터뷰'를 믿지 말라고 조언한다.

실제로 TV 뉴스에서 "소비자 물가 지수가 2퍼센트 하락했습니다."라는 소식을 접하지만 직접 마트에서 장을 보거나 제품을 구매할 때는 물가가 낮아졌다는 것을 느끼기 어렵다. 통계 데이터는 만드는 목적에 의해 달라질 수도 있으며, 세부 정확한 대상자나 양식을 모르면 본질을 알 수 없다. 이러한 통계 정보를 기반으로 마케팅을 수행한다면 매우 위험하다.

통계 자료와 마찬가지로 믿어선 안 되는 것이 설문이나 인터뷰 정보다. 현재 대부분의 기업에서 진행하는 설문지를 보면 "쇼핑은 한 달에 몇 번 하세요?" 하는 식의 일반적인 질문들로 가득하다. 또는 좀 더 정교화된 질문을 하기 위한 F.G.I Focus group interview(소수 고객을 모아 놓고 자세한 인터뷰를 진행하는 것)가 있지만 이것 역시 비슷하게 진행된다.

고객 니즈 파악을 위한 기업의 인터뷰에 나오는 질문들을 보면 대부분 "고객님은 왜 우리 제품을 구매하시나요? 왜 백화점에서 구매하시나요? 왜 검정색상을 구매하셨나요?' 식으로 고객에게 답을 직접 묻는 형태로 구성되어 있다. 이렇게 얻어낸 결과를 통해 탄생한 제품이 실제 시장에서 잘 판매될까? 고객에게 질문을 하는 형태의 조사로는 고객을 충분히 이해하기 어렵다. 앞서 살펴본 뉴코크 사례와 같이 고객은 "자신이 무엇을 원하는지 모른다."

고객의 눈높이를 맞추는 방법

고객의 눈높이를 맞추기 위해서 가장 좋은 방법은 고객과 많이 상호작용하고 공감하는 것이다. 방탄소년단은 대기실에서 노는 장면, 무대 뒤에서 준비하는 모습, 촬영 중간에 무엇을 하는지 등을 공개하면서 팬과 소통했다. 또 방탄소년단 멤버들은 개인 계정 없이 그룹 계정으로 소통 창구를 단일화해 효율적으로 팬들과 양방향 소통을 한다. V앱을 통해 생방송을 직접 송출하며 실시간으로 팬들과 대화하기도 한다. 단순히 표면적인 인사치레가 아니다. 팬들의 고민을 깊이 있게 다루고 함께 공감하며 공통적인 주제를 함께 토의하기도 한다. 방탄소년단은 이렇게 팬들과 소통하고 친해지며 자연스럽게 팬들이 원하는 걸 알게 되었다.

물론 많은 기업들이 방탄소년단처럼 자유롭게 고객들과 소통할 수는 없을 것이다. 그렇다면 어떻게 고객의 니즈를 알 수 있을까? 가장 좋은 방법은 그들의 삶을 체험해보는 것이다. 원리는 방탄소년단의 소통 방식과 같다. 질문자와 응답자의 관계가 되어 답을 듣는 것이 아니라, 직접 고객을 관찰하고 그들처럼 살아보며 제품과 서비스의 니즈를 발견하는 것이다.

글로벌 제조 및 유통 기입 P&G는 남미 지역의 가정용 세제 소비자의 니즈를 파악하고자 했다. 고객 조사를 아무리 해도 고객들은 현재 제품에 불편한 점이 없다고 대답했다. 하지만 P&G는 고객 자신도 알지 못하는 불편 사항이 있을 것이라고 믿었다. 그래서 고객의 실제 행동을 관찰하기 시작했다. 관찰 결과 세제를 구매하는 고객은 부피가 큰 제품을 옆구리에 끼거나 품에 안고 갔다. (지금은 손잡이가 있는 것이 당연하지만) 당시 세제는 손잡이가 없는 것이 당연했기 때문에 사람들은 그것을 불편하다고 느끼지 않았다. 고객들은 불편함 없이 행동했지만 P&G는 여기서 고객의 니즈를 발견했다. P&G는 세제 케이스에 손잡이가 될 수 있는 부분을 만들어 고객이 들고 다니기 쉽게 만들었다. 이러한 케이스 디자인은 고객의 큰 호응을 얻으며 매출 증대로 이어졌다. 이러한 제품 개선은 고객 조사로 나오지 않는다. 고객을 관찰하고 그들과 공감해야 진정한 니즈를 얻을 수 있다.

일반적인 고객 조사의 문제점은 설계가 부실해 원하는 정보를 얻지 못하거나, 고객의 대답을 믿을 수 없다는 것, 그리고 조사 결과의 분석 능력 부재에 있다. 이 문제점을 해결하며 고객의 니즈를 파악해내는 것이 중요하다. 앞서 소개한 고객 관찰법을 수행할 수 없는 상황이라면, 고객을 이해하는 가장 좋은 방법은 고객 행동 사실 정보만을 이용하는 방법이 있다. 이를 위해 고객이 거짓말을 못하도록 설계하고, 고객을 구체적으로 묘사해야 한다. 주로 그림자 인터뷰, 컨조인트 분석, 프로파일링 기법 등이 이용되는데, 그중 그림자 인터뷰 기법을 소개한다.

그림자Shadowing 인터뷰 기법은 고객에게 가장 최근에 발생한 몇 가지 사건(제품 구매 행위)을 묘사하듯 문답하는 방식으로,

묘사된 행동 사실들로 인사이트를 발견하는 기법이다. 그림자처럼 고객을 따라다니는 상황을 머릿속에 재현하면서 고객 관찰법처럼 이해한다. 마치 형사가 사실을 취조하듯 인터뷰가 진행된다. 전통적 인터뷰에서는 고객에게 직접적으로 답을 묻지만 여기서는 구매하는 상황을 사실 그대로만 물어본다. 고객의 니즈를 찾는 것은 질문자의 몫이다.

노력 없이 고객을 이해하는 방법은 없다. 고객과 공감하고 하나가 되어야 한다. 방탄소년단은 실제로 연령대도 비슷하고 공감대도 많이 쌓여 있어서 팬들의 마음을 읽기 쉬웠다. 일반 기업에서는 이러한 기회가 많지 않기 때문에 고객의 입장에서 행동을 해보는 과정이 필요하다. 고객의 행동 사실과 속마음 정보를 얻기 위해서는 단순한 문답식 설문 또는 인터뷰로는 안 된다. '고객이 사실을 얘기하도록 하는' 것이 아니라 '고객이 거짓을 얘기할 여지를 주지 않는' 것이 필요하다.

완진완비제품을 만들거나 그것을 전파할 때 고객과 공감하는 일은 그 무엇보다 중요하다. 방탄소년단의 가장 큰 성취는 팬들과 공감해 그 과정을 자연스럽게 이루어냈다는 점이다.

오늘날 소비 시대의 기업들은 타깃 고객을 얼마나 이해하느냐에 따라 성패가 갈린다. 고객과 같은 눈높이에서 그들을 이해하고 고객의 니즈를 찾아야 한다.

Summary ❸
창의적 문제 해결

- 비즈니스에서 창의성은 천재적 영감이 아닌, 문제에 집중해 그 해결 방법을 고민하는 데서 나온다. 인공지능의 시대에 우리 안의 창의성을 끌어내는 유일한 길은 문제에 집중하는 자세다.

- 성장하는 트렌드를 먼저 파악하는 것은 매우 중요하지만 그만큼 어렵다. 목적 없이 시장을 바라보면 아무것도 보이지 않는다. 목적을 분명히 하고 가설을 세우고 흔적 사실 데이터를 수집하는 것이 필요하다.

- 비즈니스 문제를 해결하려면 고객의 본질적 니즈에 집중해 제로베이스에서 가설을 세워야 한다. 그 가설을 관찰, 데이터, 사례로 증명해나가는 습관이 필요하다.

- 고객에게 질문을 하는 형태의 조사로는 고객을 충분히 이해하기 어렵다. 고객은 자신이 무엇을 원하는지 모르기 때문이다.

- 고객의 눈높이를 맞추기 위해서는 고객과 많이 상호작용하고 공감해야 한다. 직접 고객을 관찰하고 그들처럼 살아보며 제품이나 서비스의 불편사항을 발견할 필요가 있다. 기업에서는 고객 행동 사실 정보만을 이용해 능동적으로 고객이 필요로 하는 것을 찾아야 한다.

CHAPTER 04

마케팅은
방탄소년단처럼

스타트업이 아마존을 이길 수 있을까?

'중소의 기적'이라고 불리는 방탄소년단은 조그만 기획사에서
세계적 스타로 성공한 보기 드문 케이스이인데, 이러한 일이 일
반 기업에서도 가능할까? 요즘같이 경쟁이 극심한 때에 작은 스
타트업 회사가 굴지의 세계적 대기업으로 성장하려면 어떻게 해
야 할까?

우리는 기업의 성장 전략을 방탄소년단의 경영에서 배울 필
요가 있다. 단, 방탄소년단의 성공 요소를 그대로 사용할 수는
없다. 방탄소년단이 걸어왔던 길에서 성공 원리를 파악한 후 그

것을 응용하는 노력이 필요하다.

아마존은 '1억 명 고객에게 1억 개의 최적화된 쇼핑몰'을 구현하고자 하는 데이터 분석 기반의 유통 플랫폼 기업이다. 아마존의 맞춤형 쇼핑몰 구성 방식은 플랫폼과 알고리즘을 이용한, 현재로서는 최선의 대형 온라인 유통 방식이다. 고객의 니즈를 민감하게 파악하고 제품을 추천하는 알고리즘을 갖추고 있는데, 주로 구매 이력 및 조회 상품으로 분석된 결과를 이용한다. 그렇다고 하더라도 아마존이 모든 고객을 만족시키는 궁극의 플랫폼이 되는 것은 불가능하다. 유리병에 자갈을 아무리 정교하게 채워 넣어도 모래가 들어갈 공간이 존재하듯이, 하나의 플랫폼으로 고객의 모든 니즈를 채울 순 없다.

인간은 알고리즘만으로 해결되는 합리적이기만 한 존재는 아니다. 고객 개인별, 군집별 알고리즘에 의해 각각 최적화된 제품을 추천할 수는 있으나, 고객은 (제품뿐만이 아니라) 첫 화면 클릭부터 웹서핑, 결제에 이르기까지 디자인, 폰트, 메뉴 구성, 문구 등에 관한 자신만의 취향이 뚜렷이 존재한다. '아마존 닷컴'이라는 단일 플랫폼으로 모든 고객이 원하는 개성과 취향을 만족시키는 데는 한계가 있다.

아마존의 패션 유통을 살펴보자. 오픈마켓으로 일반 대중을 공략하는 쇼핑몰은 '아마존 패션Amazon Fashion'이다. 하지만 아마존은 그 외에도 자포스Zappos, 샵밥Shopbop, 이스트데인East Dane 등 개성이 뚜렷한 별도의 쇼핑몰 사이트를 자회사로 보유하고 있다. 만약 아마존이 '아마존 패션'으로 모두에게 최적화된 쇼핑몰을 제공할 수 있었다면 이러한 독립 사이트가 필요하지 않았을 것이다. 그러나 '아마존 패션'이라는 플랫폼만으로는 개성이 뚜렷한 패션 고객군 특징에 맞는 구색과 분위기를 갖추는 데 어려움이 있다. 따라서 위와 같은 독립 사이트들을 별도로 두고 있다.

이와 유사한 형태가 페이스북의 인스타그램이다. 사진 목적의 뚜렷한 개성 고객을 타기팅해서 군집 네트워크를 강화하고 트래픽을 높이기 위해 사진 기능이 뛰어난 인스타그램이라는 독립 공간을 제공한 것이다.

비결 ❶
시장을 조각내라

방탄소년단은 과거의 K팝 스타인 비, 원더걸스, 싸이 등과는 다르게 미국 팝 시장의 메인 고객을 직접적으로 공략하지 않았다. 메인스트림과는 분명한 선을 긋고 아시아 계통의 소수 집단에 집중했다. 이렇듯 기존 시장의 경쟁이 강하고 성숙 단계에 있다면 타깃 시장을 분리해 점령할 필요가 있다.

상품 수용 주기 기준으로 상품에는 크게 두 가지 부류의 고객이 존재하는데, 바로 일반 대중과 가치 추구자 고객이다. 온라인 쇼핑몰의 경우 비교적 패션에 무관심한 일반 대중은 '아마존 패션'에서 무난하고 저렴하게 정형화된 상품을 구매한다. 그러나 패션 쇼핑에 관심이 많은 가치 추구자 고객은 자신의 취향에 맞는 상품과 쇼핑몰을 적극적으로 찾는다. 초기에 정형화된 상품으로 급성장을 이루었던 아마존은 이러한 가치 추구자 고객 공략에 어려움을 겪었고, 단일 플랫폼의 한계를 깨달았다. 따라서 개성이 뚜렷한 쇼핑 사이트들을 인수하기 시작했다.

국내 사례를 찾아보면, 티몬, 쿠팡, 11번가, G마켓, 옥션 등 종합쇼핑몰이 건재함에도 불구하고, 스타일난다, 난닝구, 조군샵, 나인걸과 같은 의류 쇼핑몰이 새롭게 등장해 수천억 원 대의 매출을 올리는 대형 쇼핑몰로 거듭난 사례를 들 수 있다. 이러한 변화가 생긴 이유는 대형 오픈마켓에서 채울 수 없는 가치 추구자의 니즈가 있으며, 이 시장은 증가세가 뛰어난 성장 시장이기 때문이다. 온라인 패션 고객들은 처음에는 오픈마켓을 이용했지만, 점점 온라인 쇼핑 경험이 쌓이면서 개성이 드러나는 패션 쇼핑몰들을 찾게 되었다. 소형 쇼핑몰들은 가치 추구자 고객에게 맞춰진 독립 공간을 제공했다. 결국 소규모 패션 쇼핑몰들은 타깃 고객에게 맞춰 시장 포지셔닝을 확고히 하며 대형 기업으로 성장할 수 있었다.

요컨대 아마존을 이기는 방법은 고객 타깃 유형을 명확히 정하고 그 니즈에 충실한 독립 공간을 구성해 시장을 분할 점령하는 것이다. 인스타그램처럼 타깃 고객의 니즈에 맞춘 플랫폼을 구축하면 고객을 기반으로 대형 플랫폼 기업에 대항할 수 있으며, 페이스북과 같은 대형 플랫폼 기업의 입장에서는 결국 시장을 나눠 갖거나 인수하는 수밖에 없다.

비결 ❷
성장 시장에서 승부하라

현대는 플랫폼 전쟁의 시대이며, 무엇보다 고객 트래픽 장악이 급선무다. 그렇다고 해서 이미 진영이 탄탄하게 갖춰진 기존 시장에서 경쟁하기에는 경쟁사들이 철통같이 방어하고 있다. 상대방도 시장을 빼앗기려 하지 않을 것이므로 결국 제로섬 게임에 빠질 것이 뻔하다.

따라서 기업 세력 확장을 위한 가장 좋은 방법은 '성장 시장'에 뛰어들어 먼저 깃발을 꽂는 것이다. 세상은 언제나 변하고 있으며 성장 시장은 어느 시기에나 존재한다. 방탄소년단이 유튜브 재편집 콘텐츠 시장이나 아시아 소수 집단 시장에 진입해 자연스럽게 성장한 것과 같다. 각 기업은 자사가 진입 가능하고 경쟁력 있는 성장 시장을 찾아 승부하는 것이 무엇보다 중요하다.

　대부분의 산업에서 기업이 헤게모니를 역전시킬 때는 이와 같은 성장 시장 선점 전략을 수행했다. 성장 시장을 선점해 충성 고객과 트래픽을 확보하는 것이다. 현대 온라인 성장 시장은 모바일, 온라인 고품질, 고연령, 신선식품, 중국 수요 등의 분야가 있다. 이러한 성장 시장 중 자신이 진입 가능한 시장을 찾아 플랫폼 영역을 넓혀가야 한다.

　실패하는 경영자들은 종종 투자가 필요할 때는 소극적이고 투자가 필요하지 않을 때는 투자하는 우를 범한다. 아마존을 이기는 방법은 우리가 잘하는 분야를 확실히 정의해 깊이 뿌리내리고, 꾸준히 성장 시장을 감지하여 고객의 니즈를 해결하며 성장하는 것임을 잊지 말아야 한다. 그러면 어느 순간 시장의 헤게모니를 장악하게 될 것이다.

SWOT는 피할 수 없다

방탄소년단은 왜 진정성을 무기로 아시아 청소년층을 공략했을
까? 이것은 전략의 성공일까 아니면 우연의 소산일까? 마찬가지
로 기업에서는 중장기적 전략 방향을 어떻게 정해야 성공할 수
있을까? 이에 대한 해답을 SWOT 기법으로 찾아보기로 한다. 방
탄소년단이 성공 루트를 찾아 걸어간 과정도 SWOT 관점에서
생존하는 길을 찾아 노력한 결과라고 할 수 있다.

SWOT는 Strength(강점), Weakness(약점), Opportunity(기

SWOT

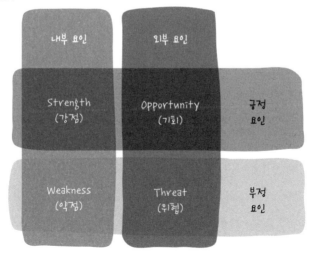

회), Threat(위협)를 의미하는 용어로 기업 내외의 환경을 분석하여 기업의 방향을 정하는 데 사용된다. 주로 기업의 전략을 컨설팅할 때 1차적으로 수행하는데, 내 경험상 SWOT 분석을 하지 않고 전략을 수립하는 경우는 단 한 번도 없었다. 아무리 연관이 없어 보이는 작업이더라도 결국 SWOT 분석을 수행해야 그 토대와 방향을 마련할 수 있기 때문이다. SWOT 분석이 중요한 이유는 단순히 컨설팅 프레임워크이기 때문이 아니다. 길을 헤맬 때 나침반을 보듯이 기업이 자연적으로 나아가야 하는 방향을 알려주는 방법이기 때문이다.

모든 기업은 경영 사회를 이루고 있으며 사람들에게 가치를 주기 위해 존재한다. 그렇다면 가치를 많이 생산해 전달하려는 노력을 해야 한다. 다 함께 협력하는 사회이기 때문에 남들보다 조금이라도 잘하는 것에 집중해 그 가치를 제공해야 한다. 그렇다면 남들보다 '더' 잘하는 것이 무엇인지를 파악하는 것이 중요하다. 얼마나 잘하는지는 중요하지 않다. 남들보다 '더' 잘하는 것이 중요하다. 그래야 나는 남을 돕고 남은 다른 것으로 나를 도울 수 있기 때문이다. 내가 남보다 잘하고, 남이 쉽게 따라오지(카피하지) 못하는 것이 강점Strength이다. 우리 회사만의 강점을 찾는 것이 첫 번째로 필요한 작업이다. 많은 기업들이 자신들의 강점을 잘 모르고 있다. 하지만 어떤 기업이든 각자가 가진 강점이 있다. 남들보다 잘하는 우리 회사만의 강점은 꼭 찾아야 하며 구체적으로 명시해야 한다.

그러나 강점이 있으면 분명히 약점Weakness도 있다. 약점이 없는 회사는 없다. 솔직하게 우리 회사가 경쟁사보다 '더' 약한 부분을 찾아서 이해하고 있어야 한다. 약점을 모두 찾아서 해결할 필요는 없다. 명확하게 인지하고 있기만 하면 된다. 과거 생산의 시대에는 기업의 약점을 보완해 탄탄한 생산 시스템을 구현하는 것이 중요했지만, 현대와 같은 초연결사회에서는 약점을 솔직히 인정하고 주변의 에코 시스템을 활용해 보완하면 된다. 현대와 같은 벤처 환경에서는 내가 잘하는 분야에 집중하고 나머지는 아웃소싱으로 해결하는 것이 효율적이다. 현대 경영 환경에서 약점을 해결하려 자원을 소모하는 것은 오히려 강점을 해치기도 한다. 완벽한 기업을 만들기보다 성공하는 기업을 만들려는 노력이 필요하다.

기회Opportunity와 위협Threat은 외부 요인이다. 기회는 앞서 설명한 '성장 시장'이다. 아마존을 이기는 비법이 우리가 잘하는 분야Strength를 기반으로 성장 시장Opportunity에 진출하는 것이듯, 이 기회 요인을 찾는 것은 무엇보다 중요하다. 성장하는 시장에 합류할 수만 있다면 중간만 하더라도 쉽고 안전하게 발전할 수 있기 때문이다.

위협 요인은 잠재적 경쟁자, 대체제, 시장 환경의 변화 등 여러 가지가 있다. 물론 이러한 위협 요인을 모두 파악하는 것은 불가능하다. 단, 우리 기업에 직접적으로 큰 영향을 미치는 요소, 근시일 내에 실질적인 불이익으로 다가올 수 있는 요소를 인지하고 대비하는 것이 필요하다.

오늘날 많은 경영자들이 소위 '뜨는' 사업 아이템을 찾는 것에 혈안이 되어 있다. 물론 이것도 중요하다. 그러나 우선 SWOT 관점에서 종합적으로 전략을 고민할 필요가 있다. 먼저 자기 자신을 알고 기업의 강점을 인지한 다음 성장 시장에서 경쟁력이 있는지 검토해야 한다. 누구나 뛰어들 수 있는 '뜨는' 사업 아이템은 지금 당장은 블루오션처럼 보일지 몰라도, 단기간에 많은 경쟁자가 몰려들 것이고 충분한 강점이나 자본이 없으면 이내 경쟁에서 밀려 손해를 보기 때문이다. 자신의 강점에 맞는 성장 시장을 찾았을 때 비로소 진입 장벽을 세우고 안전하게 유망한 사업을 할 수 있다.

방탄소년단은 데뷔 초기 선 굵은 힙합과 과하게 반항적인 메시지를 들고 나왔지만 이내 콘셉트의 변화를 주고 지금의 감성적인 멜로디와 솔직한 메시지를 추구했다. 그 이유는 SWOT라는 나침반을 통해 방탄소년단이 나아가야 할 방향을 재조정했기 때문이다. 방탄소년단은 초기 활동을 마치고는 시장의 반응을 이해했고, 자신들의 장단점을 되돌아보았다. 이를 바탕으로 자신들만의 강점을 파악하고 현재 팬들이 원하는 방향(성장 시장)을 읽었다. 방탄소년단 일곱 명의 멤버들이 고유하게 가지고 있는 솔직하고 허물없는 공감 능력은 중요한 강점이었다. 이것은 남들이 모방할 수 없는 가장 강력한 무기였다.

진화론에 따르면 각 생명체가 진화할 때 새로운 환경에 적응하면서 진화를 거듭한다. 즉, 지능적으로나 기관 발달 측면에서 우월한 개체가 있다고 하더라도 당시의 환경에 살아남지 못하면 아무 소용이 없었다. 지능이 떨어지더라도 환경에서 살아남는 개체가 그다음 진화를 진행했다. 무엇보다도 중요한 것은 어떻게든 살아남는 것이다.

기업의 성장도 이와 같다. 결국 모든 기업은 자신이 잘하는 분야에 집중해 사회적 가치를 내게 된다. 이 과정에서 시행착오를 줄이고 생존해가야 한다. 생존하고 번영하는 데 필요한 기법이 SWOT와 같은 경영 프레임이다.

소규모의 기업일수록 이상적인 루트로 한 번에 목적을 달성할 수는 없다. 대기업처럼 전폭적인 자본 지원을 받으면서 목적하는 사업만 추진할 수 없다. 따라서 각 단계 별로 살아남을 수 있는 사업 방향을 다이내믹하게 추진하고, 전략적 관점에서 SWOT라는 나침반을 보고 헤쳐나가야 한다.

자율성, 강점을 부각시키는 힘

방탄소년단은 일곱 명의 멤버들 전원이 랩, 보컬을 할 뿐만 아니라 작곡과 작사에도 참여한다. 단순히 소극적으로 도와주는 역할이 아니다. 멤버들이 만든 곡이 뼈대가 되며, 해당 장르 전문가들은 최신 트렌드에 맞게 편집해주기만 한다. 한 예로, 작년 방탄소년단을 미국 시장에 각인시킨 다크한 분위기의 힙합곡 〈마이크 드롭MIC Drop〉은 방탄소년단의 리더 RM이 오바마가 연설 말미에 마이크를 떨어뜨리는 장면을 보며 떠오른 아이디어를 바탕으로 구상한 곡이다.

힙합으로 시작한 방탄소년단의 음악 범위는 점점 넓어지고 있다. 방탄소년단은 뭄바톤 트랩, 이모 힙합 등 다양한 서브 장르의 힙합뿐 아니라 라틴팝, 신스 펑크, R&B 발라드, 하우스 뮤직, 랩록 등을 다양하게 보여주고 있다.

멤버 모두 20대 초반으로 어리지만 음악적으로 뛰어난 실력을 가지고 있고, 놀라운 학습 능력을 바탕으로 음반이 거듭될수록 눈에 띄게 실력이 늘어간다. 데뷔 후 짧은 기간에 인격적으로도 많이 성숙하고 음악 실력도 크게 향상되었는데, 그 비결은 방탄소년단 특유의 '자유'와 '학습' 문화다. '자유'와 '학습'은 내면에 깊이 자리 잡은 잠재력을 크게 증폭시키는 힘이 된다.

많은 대중문화 평론가들이 "방탄소년단은 음악에 스스로의 목소리를 담는다. 그게 다른 그룹들과 차별화되는 점이다."라고 말한다. 방시혁 대표는 데뷔 초부터 멤버들에게 자유를 줬다고 밝혔다. 그는 "방탄소년단 멤버들을 규제하지 않았다. 다만 바란 것은 선한 영향력을 끼치는 그룹이 되기를 바랐다. 그들에게 내면의 소리를 들려주는 음악을 만들라고 주문했다. 첫 음반에는 학업에 관한 내용이 담겼다. 당시에는 유행이 지난 학교 콘셉트라는 비난도 받았지만, 당시 멤버들 중에 학생들이 많았기 때문에 당연한 결과였다."고 말했다.

말과 행동을 검열하지 않는 기획사 덕분에 방탄소년단은 소셜미디어를 통해 자연스럽게 팬들과 소통할 수 있었다. 이것은 대부분의 대형 기획사에서는 금지하는 행동이다. 팬들과 실시간으로 만나면 자칫 오해를 사거나 문제가 되는 언행이 나와 부정적인 결과를 초래할 수도 있기 때문이다. 그러나 방시혁 대표는 멤버를 믿었고, 사유를 주었다. 사유를 주는 내신 그 책임도 확실하게 지게 했다.

이러한 행보는 기존의 통제 기반의 아이돌 그룹과 비교해보면 파격적이다. 대형 기획사의 아이돌 멤버들은 방송에 나와서 "3년간 연애금지예요."라든가 "아직까지 개인 핸드폰이 없어요."라며 통제된 생활의 답답함을 표현했다. 이러한 부자연스러운 생활이 계속되면 사회와의 단절이 일어나고 팬들과 공감대를 이루지 못한다. 그보다 더 중요한 것은, 어린 나이에 진심으로 하고자 하는 것을 통제함으로써 성장 에너지를 감소시킨다.

방탄소년단은 스스로 학습하며 실력을 키워나가는 '자율형 아이돌'이다. 방탄소년단에게는 자유로운 생활이 주어졌지만, 그들은 무질서하게 방황하지 않는다. 멤버들은 외부의 힘에 의지하기보다 스스로 학습하는 방법을 터득했다. 추구하는 음악을 위해 서로 가르치고 배우며 건설적인 성장을 한다. 자유에 의한 젊음의 에너지가 성장으로 폭발한 것이다. 덕분에 일반적인 아이돌 그룹의 한계를 넘어 다양한 음악적 역량을 습득할 수 있었다.

방시혁 대표의 자율성 원칙은 방탄소년단으로 하여금 약점을 보완하기보다는 강점을 부각시키는 데 큰 힘을 발휘했다. 방탄소년단 '자신들의 이야기'와 '자신들이 추구하는 음악'을 적극 지지하고 용기를 주면서 강점을 두세 배로 증폭시켰다. 자신들이 하고 싶은 걸 마음껏 하도록 지원함으로써 멤버들은 자발적인 에너지가 샘솟았으며 이로 인해 그들의 핵심 역량이 급성장한 것이다. 이것은 오늘날 기업의 핵심 역량 구축에 적용할 수 있다.

디즈니와 방탄소년단의 공통점: 목표지향적 자율성

핵심 역량이란 경쟁자가 따라올 수 없는 기업 고유의 역량을 말한다. 핵심 역량을 견고히 구축하는 것은 사업의 장기적 성과와 직결된다. 현대와 같이 글로벌 경쟁이 심화되고 세계적으로 전문화가 진행될수록 핵심 역량을 구축하고 활용하는 것은 점점 더 중요해진다. 한 예로 과거 온라인 다이렉트 보험 시장에서 에르고다음 다이렉트 보험은 오프라인 자동차보험 경험이 없이 뛰어들어 고속 성장을 질주했다. 하지만 2010년대 들어와 자동차보험이 과열 경쟁 양상으로 흐르자 언더라이팅, 서비스 등의 기본 역량에 한계가 있던 에르고다음은 경쟁에서 밀려나게 되었다. 보험 사업에 필요한 핵심 역량이 탄탄하지 않은 상태에서 경쟁이 심화되자 직격탄을 맞은 것이다. 결국 에르고다음은 2010년 회계연도에 435억 원의 적자를 기록하며 악사 다이렉트에 인수되었다. 이렇듯 성장 시장에 뛰어들어 성공하는 것도 중요하지만 그와 동시에 경쟁사를 이기는 핵심 역량을 꾸준히 구축하는 것이 더욱 중요하다.

그러면 기업 관점에서 핵심 역량을 어떻게 갈고 닦아야 하며 어떻게 다른 분야로 확장시켜야 할까?

방시혁 대표의 자유방임주의적 전략은 방탄소년단의 핵심

역량 강화라는 결과로 나타났다. 이러한 방향은 비즈니스적으로도 적용이 가능하다. 성공했기 때문에 옳은 방향으로 보이지만, 비즈니스 관점에서 이 전략을 일종의 모험과 같다. 기업 경영의 관점에서 이러한 자유를 보장한다는 것은 현실적으로 매우 어렵다. 리스크가 너무 크기 때문이다. 특히 안정적 거대 기업일수록, 제조업이나 품질 중심의 기업일수록 통제에 기반한 경영을 하게 된다.

방탄소년단의 사례에서 눈여겨볼 부분은 핵심 역량을 증대시키는 과정이다. 핵심 역량 확대의 중심에는 방탄소년단의 정체성, 그리고 멤버들의 적극성이 있었다. 방탄소년단은 내면의 이야기를 노래한다는 정체성 안에서 자유롭게 건설적인 학습을 추구했다. 즉, 구성원들은 목표를 향한 방향성을 명확히 공유한다. 그리고 그 방향성 내에서 자유롭고 유기적인 협력을 진행한다. 방탄소년단의 이러한 과정은 최선의 결과로 이어졌다.

기업의 핵심 역량 강화의 기본은 '기업의 정체성'과 '구성원의 적극성'이다. 구성원들은 공동의 목표를 가지고 스포츠 팀처럼 유기적으로 협력해야 한다. 이것은 무질서한 방종이나 무기력한 통제 행동과는 다르다. 내부적으로는 강하게 결합하고 외부적으로는 기업의 방향성을 다 같이 인지하고 있어야 협력이 원활이 일어나고 팀이 시너지를 낼 수 있다. 기업의 정체성

을 중심으로 자유롭게 확장하며 가치를 증진시킨 사례로 디즈
니를 들 수 있다.

월트 디즈니 컴퍼니는 1923년에 미국에 설립된 종합 미디
어 엔터테인먼트 회사다. 디즈니는 초기에 스튜디오 영화 사
업으로 출발했다. 여러 가지 영화를 만들었지만 최대 성공작
이자 디즈니의 정체성을 확립하게 된 작품은 〈미키마우스〉였
다. 〈미키마우스〉를 통해 디즈니는 '패밀리 엔터테인먼트family
entertainment를 위한 회사'라는 강력한 브랜드 가치를 갖게 된다.
디즈니는 이 핵심 역량을 기반으로 이후 모든 사업을 추진했다.
디즈니랜드, 디즈니파크과 같은 리조트·공원 사업 디즈니 인
형, 의류, 식품 등 소비재 사업, ESPN, 디즈니 캐릭터 채널, 인
터넷그룹 등 미디어 사업에도 진출했다. 이러한 확장은 일견 무
리한 욕심으로 보일 수 있다. 그러나 모든 사업의 중심에는 '패
밀리 엔터테인먼트'라는 정체성이 있었다. 이러한 성제성 아래
일관되게 사업을 확장해나갔던 것이다. 이 '패밀리 엔터테인먼
트'라는 정체성은 어느 기업도 따라오지 못하는 핵심 역량이었
으며 눈덩이 불어나듯 견고하게 구축되어 기업 가치를 극대화
할 수 있었다.

당시 월트 디즈니가 방향성을 잃고 돈만 보고 운영했다면 장

기적으로 현재와 같은 굴지의 거대 기업이 될 수 있었을까? 월트 디즈니가 디즈니랜드를 설립할 1950년 당시 리조트 산업은 성장 산업이 아니었으며 제조업, 유통업 등 성공 가능성 있는 산업도 많았다. 하지만 디즈니는 중장기적인 계획과 사업 성공 가능성 측면에서 핵심 역량인 패밀리 엔터테인먼트에 집중했으며 따라서 산업과 무관하게 관련성이 높은 사업들 순으로 확장했다. 그 결과 경쟁자가 넘볼 수 없는 핵심 역량을 갖추게 되었고, 진입 사업을 대부분 성공적으로 수행할 수 있었으며 그 결과, 오늘날까지 견고한 사업 영역을 구축할 수 있었다.

방탄소년단이나 디즈니처럼 핵심 역량은 경영자의 의지와 당시의 성장 트렌드에 의해 자연적으로 구축된다. 그 과정에서 기업은 방향을 뚜렷이 하고 팀 안에서 시너지를 내도록 환경을 구축해야 한다. 특히 지식 기반의 기업일수록 적극적 구성원들을 선별해 자유롭고 유기적인 팀워크를 유도해야 한다. 창의성이 중요시되는 현대에는 단기적인 당근과 채찍보다는 자율성을 존중하고 개개인의 장점을 살리는 것이 핵심 역량 구축에 큰 도움이 된다.

스타트업을 위한 **볼링앨리 전략**

방탄소년단이 데뷔 초부터 일관되게 유지하고 있는 정책이 바로 '뜨내기보다는 단골손님 위주' 정책이다. 방탄소년단은 여타 아이돌 그룹처럼 새로운 팬을 늘리기 위해 무리하게 활동을 넓히지 않는다. 현재 구축된 팬에 집중하고 그들의 목소리에 귀를 기울인다. 이러한 정책에도 불구하고 팬덤은 눈덩이처럼 불어나고 세계 시장을 석권하게 되었는데 그 비결이 무엇일까? 방탄소년단 왕국은 점진적으로 성장하지 않았다. 방탄소년단 팬의 규모는 단계적으로 커졌으며 그룹의 활동량도 단계적으로 증가했다. 이러한 '단계적 확장'에 대해 경영학 관점에서 볼링앨리 전략 프레임으로 설명하도록 한다.

오늘날 많은 스타트업이 도전하는 온라인 시장은 성숙기에 접어들면서 경쟁이 과열되고 있다. 이러한 경쟁으로 인해 온라인 시장은 승자의 저주Winner's Curse(경쟁에서는 이겼지만 승리를 위해 과도한 비용을 치름으로써 오히려 위험에 빠지게 되거나 후유증을 겪는 상황)가 빈번히 발생한다.

온라인 고객은 일반적으로 충성도가 낮다. 온라인이라는 특수한 환경에서는 클릭 한번으로 다른 곳으로 이동할 수 있으므로 체리피커 고객이 많다. 오프라인에서는 고객 신뢰가 천천히 쌓이면서 충성화되는 데 시간이 걸리지만, 그만큼 쉽게 타사 제품과 서비스로 바꾸지 않는다. 그러나 온라인에서는 고객을 쉽게 유입시킬 수 있는 반면, 깊은 신뢰를 얻기는 어렵다. 가격 경쟁이나 프로모션으로 힘들게 고객을 유입시켰더라도 수익성이 보장되지 않아 '남 좋은 일'만 하는 경우가 허다하다.

여러 고객군을 타깃으로 하다 보면 잠깐의 매출 급상승은 일어나지만 한 명의 충성 고객도 얻지 못하는 사태가 발생한다.

볼링앨리 전략

선두의 볼링핀(초기 고객)을 쓰러뜨려 성과를 낸 후, 타깃 고객 군집을 확대하고(왼쪽 방향) 취급 서비스 종류를 늘린다(오른쪽 방향).

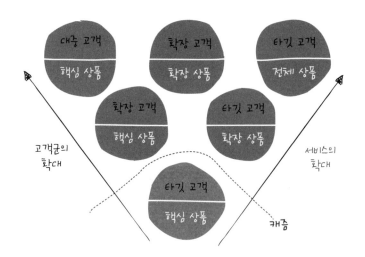

이것이 과거 K팝 스타들이 미국 시장에서 겪었던 일이다.

방탄소년단의 고객 충성화(단골화) 과정은 온라인 기업이 반드시 기억해야 하는 부분이다. '고객 충성화'는 온라인 기업의 최대 과제다. 이를 위해서는 핵심 역량을 타깃 고객군에 집중해 충성화를 시키고, 트래픽을 확보하고 진입 장벽을 높이 쌓아야 한다. 이것은 쉽지 않은 일이지만 명확하게 타깃 고객에만 집중한다면 충분히 가능하다.

미국의 온라인 쇼핑몰인 주릴리Zulily는 2015년 2조 이상의 기업 가치를 기록한 빌리언 달러 스타트업 회사다. 주릴리는 처음부터 막대한 자본을 가진 경영진의 후원에 힘입어 성장한 회사가 아니다. 아기용품과 30~40대 여성 관련 제품만 파는 회사다. 하나의 버티컬 카테고리만 다루면서도 매년 100퍼센트가 넘는 매출 성장세를 보이고 있다.

2010년에 설립된 주릴리는 육아용품을 취급하는 조그만 소셜커머스 회사였다. 초기에는 거래처나 데이터가 부족해 사업을 확장하는 데 어려움을 겪었다. 따라서 주릴리는 개성이 강하고 파급력이 센 젊은 엄마 고객을 타기팅해 그들이 필요로 하는 상품과 브랜드만 집중적으로 유치했다.

이후 입소문이 나면서 고객이 늘고 데이터가 쌓이자, 데이터를 분석해 개인화된 마케팅을 시작했다. 매출이 늘어남에 따라 유명 브랜드들도 하나둘 주릴리에 합류했으며, 판매량과 상품군도 지속적으로 늘어났다. 뿐만 아니라 데이터가 증대되면서 분석 역량도 강해지는 선순환이 시작되었다. 2010년 설립 이후 주릴리는 매년 두 배 이상 매출 성장을 기록했는데, 그 전략은 바로 볼링앨리였다.

'볼링앨리 전략'은 처음에 맨 앞의 볼링핀을 맞혀 쓰러뜨리면 그 볼링핀이 뒤의 볼링핀들을 차례로 쓰러뜨리게 하는 방법이다. 즉, 초기 타깃 고객에게서 성과가 나면 그 수익으로 재투자함으로써 시장을 확대해나가는 것이다. 반대로 초기 타깃 고객이 쓰러지지 않는다면 섣불리 다른 고객으로 이동하지 않는다. 첫 번째 타깃 고객을 쓰러뜨릴 때까지 꾸준히 집중한다. 방탄소년단이 3년간 아시아의 청소년 팬들에게 공을 들인 것과 마찬가지다.

주릴리의 경우 파급력이 강한 젊은 엄마 고객군을 1번 핀으로 놓고 꾸준히 공략하고 입소문을 내어 결국 고객군의 마음을 얻을 수 있었다. 그 결과 파급력을 얻어 주변의 나이든 주부나 아저씨, 학생들에게까지 네트워크가 퍼졌으며, 브랜드와 상품군도 늘어나 플랫폼이 성장할 수 있었다.

이 전략은 초기 성과만 이룰 수 있다면 자본력이 취약한 벤처 기업이라도 리스크를 최소화하며 사업을 확장할 수 있다. 현대의 B2C 산업에서는 기업이 초기에 무리하게 시장 전체에 투자하는 것은 절대 좋은 전략이 될 수 없다.

방탄소년단은 볼링앨리 전략의 전형적인 성공 사례다. 초기 고객인 파급력 높은 아시아 지역 젊은 청소년에게 집중해 오랜 기간 소통하며 마음을 얻었다. 타깃 고객은 다음과 같이 점점 활동이 증가했다.

---

❶ 뮤직비디오(관심) ➡ ❷ 유튜브, V 앱 등 개인 방송(입덕) ➡ ❸ 팬덤 내에서 또는 방탄소년단과 소통 ➡ ❹ 직접 콘텐츠를 제작, 외부에 입소문 전파

그 이후 성과가 나오면서 플랫폼의 영역이 확대되었는데, '고객군 확대'는 성인 고객, 보수 고객까지 확장되었으며 시장은 미주·유럽 지역의 메인 팝 시장에까지 확장되있다. 그리고 온라인 콘텐츠뿐 아니라, 메이저 방송 활동, 시상식 등에까지 활동 범위를 넓혔으며 공동 음반 작업, 콜라보 작품 제작 등을 시도하며 '서비스의 확대'도 일어나고 있다. 이 모든 성장은 1번 볼링핀(초기 고객)을 성공적으로 쓰러뜨렸기 때문에 가능했던 결과다.

방탄소년단이 진심을 가지고 초기 고객과 소통하고 열성을
다해 좋은 음악을 위해 노력해 성공한 것은 모두 사실이며 아
름다운 성장 스토리다. 그리고 그 과정을 이 책과 같은 경영 프
레임으로 원리를 이해하는 것은 경영인의 의무다. 그래야 그것
을 우리의 산업에 온전히 적용할 수 있으며, 그때 방탄소년단
의 성공 모델도 헛되지 않을 것이기 때문이다.

Summary ❹
방탄소년단 마케팅

- 작은 기업이 경쟁을 이기고 세계적 거대 기업으로 성장하기 위해서는 첫째로, 고객 타깃 유형을 정하고 타깃의 니즈에 충실한 독립 공간을 구성해 시장을 분할 점령하고 둘째로, 진입 가능하고 경쟁력 있는 성장 시장을 찾아 계속 영역을 넓혀가야 한다.

- SWOT는 기업 내외의 환경을 분석하여 기업의 방향을 정하는 데 사용된다. 경영자들은 SWOT를 나침반처럼 계속 들여다볼 필요가 있다. 우리가 남들보다 '더' 잘하는 강점이 무엇인지를 파악하고, 그 강점에 맞는 성장 시장을 찾을 때 비로소 진입 장벽을 세우고 안전하게 유망한 사업을 할 수 있다.

- 기업의 핵심 역량 강화의 기본은 '기업의 정체성'과 '구성원의 적극성'이다. 내부적으로는 강하게 결합하고, 외부적으로는 공동의 목표를 다 같이 인지하고 있어야 유기적 협력이 일어나 장기적 역량을 기를 수 있다.

- '볼링앨리 전략'은 맨 앞의 볼링핀을 맞혀 쓰러뜨려서 그 볼링핀이 뒤의 볼링핀들을 차례로 쓰러뜨리게 하는 전략이다. 초기 고객에게 집중하자. 초기 타깃 고객에게서 성과가 나면 그 수익으로 재투자함으로써 시장을 확대해나간다. 자본력이 취약한 벤처 기업이라도 리스크를 최소화하며 사업을 확장할 수 있다.

세상은 항상 변하고
성공 비결은 언제나 존재한다

성공한 사람들의 인터뷰에는 공식이 있다. 진정성, 노력, 인내다.
성공한 경영인들은 한결같이 다음과 같은 말을 한다. "한 가
지 신념으로 한길만 꾸준히 걸어왔습니다. 노력만 있으면 무엇
이든 해낼 수 있습니다." 물론 틀린 말은 아니다. 하지만 현대
경영 환경에서 수많은 열정적이고 근면한 경영자들도 줄줄이
실패하고 있다. 결국 위와 같은 경영자의 대답은 수능 만점자
의 '평범한 공부 비결'과 다를 바 없지 않을까?

책을 집필하게 된 중요한 이유는 독자들로 하여금 생존자 편
향Survivorship bias의 오류에 빠지지 않게 하기 위함이다. 방탄소

년단은 누가 봐도 모범적이며 정이 가는 그룹이다. 이들은 어려운 환경에서도 진심을 담아 열심히 노력해서 성공했다. 약자와 소수자의 편에 서고 평화를 위해 노래하며 편견에 맞서 싸운다. 메인 팝 시장에서 인종차별을 하는 일부 안티팬을 너그럽게 받아들이고 감싸 안는 모습을 보이기도 한다. 그러나 이런 동화 같은 모습을 이상적으로만 바라보고, 심지어 비즈니스에까지 적용하려는 움직임은 너무 안일한 자세다.

진심과 최선을 다해 비즈니스에 뛰어든 수많은 경영자들이 실패를 맛보고 좌절한다. 실제 통계적으로 자신이 원하는 일을 하는 경우 성공확률은 1~2퍼센트 정도이기 때문이다. 생존자 편향은 치명적이다. 실패한 대다수의 말을 들어볼 기회는 없기 때문에, 성공한 극소수의 사람의 말만 듣고 일을 시작하는 것은 대부분 실패로 귀결된다. 결국은 자신의 철없음을 뒤늦게 깨닫고 시장에서 원하는 (자기가 하고 싶지 않은) 일을 하거나 안전하게 남들이 하는 일을 똑같이 하게 된다.

젊은 경영자에게 단순히 꿈을 좇아 하고 싶은 일을 진심을 다해 하라는 조언은 힘을 북돋아주려는 목적에서는 좋은 행동이다. 그러나 경영 컨설팅의 입장에서는 현실적인 비즈니스 방향을 제시해주어야 한다. 시장은 냉철하기 때문이다. 잘못된 방향은 잘못되었다고 솔직하게 말해야 한다. 앞으로의 결과를 책임

지지 않을 거면서 현재의 좋은 관계를 유지하기 위해 듣기 좋은 조언만 해준다는 것은 경영인으로서는 직무유기다.

국내에서 방탄소년단의 성공을 다각도로 분석하고 벤치마킹하는 일이 늘어나고 있다. 바람직한 현상이다. 그러나 방탄소년단을 그대로 따라한다고 성공적인 비즈니스가 되는 것은 아니다. 중요한 것은 방탄소년단 경영의 겉모습만 보지 말고 그 안에 숨어 있는 경영 원리를 이해해야 한다는 점이다.

유행은 일시적이고 언젠가 끝이 나지만, 그 유행을 만든 사회적·경영학적 원리는 지속적으로 큰 힘을 발휘한다. 방탄소년단도 많은 시행착오 끝에 우연히 성공하게 된 것이고 그 과정에서 일어났던 잘했던 점, 잘못했던 점을 경영학적 원리 관점에서 객관적으로 판단해야 한다. 그래야 단순히 방탄소년단을 그대로 따라하자는 섣부른 경영적 판단을 내리는 것을 막고 현실적이고 기업의 상황에 맞는 방향을 찾을 수 있을 것이다.

이 책에서 나는 수많은 기업의 문제를 해결했던 경험을 집약해 독자들이 앞으로 시행착오를 겪지 않고 올바른 경영 전략을 세워 성과를 내도록 노력했다. 성과를 내는 데는 꼭 필요한 방법론 몇 개와 문제 해결력 밖에 필요치 않다. 기존의 경영 서적의 이론적 내용은 기업이 처한 상황에 따라 적용하는 데 한계가 있다. 이 책에서는 방탄소년단의 사례에 발맞춰 현실적으로 성과를 내는 방안을 쉽게 설명하고 노력했다. 실제로 사업을 하고 있는 경영자나 성과를 내고자 하는 전략·마케팅 담당자가 이 책을 읽고 역량을 쌓아 성과를 내기 바란다.

문제 해결에 필요한 두 가지 업무가 있다. 가설-검증 방식으로 문제를 논리적으로 해결하는 '브레인잡brain job(두뇌로 해결한다는 의미)'과 경험을 통해 쌓인 감각적 판단 능력인 '그레이헤어잡gray-hair job(머리가 희끗희끗해지면서 쌓인 관록으로 해결한다는 의미)'이다. 보통 기업에서는 문제 해결의 영역이 분명히 브레인잡임에도 불구하고 오랜 경험을 지닌 사람에게 맡겨 그레이헤어잡으로 문제를 해결하려고 한다. 정보 전달이 느리고 환경 변화가 더딘 과거에는 경험에서 나오는 힘이 강력했다. 하지만 현대와 같이 경영 환경이 급변하는 때에 경험 위주로는 문제 해결이 어려운 경우가 많다. 특히 방탄소년단이 활동하고 있는 지금 시대의 경영 환경에서는 과거의 경험이 더 이상 큰 힘을 발휘할 수 없는 경우가 많다. 경험은 최대한 소중히 사용하되, 두뇌로 상황을 이해하고 원리를 파헤치는 방법을 병행하는 것이 현실적으로 가장 좋다.

급변하는 현대 경영 환경에서 시간이 오래 지난 경영 기법은 현장과 괴리가 있다. 또한 경영의 원리를 모르는 상태에서 현실을 고려하지 않고 교과서대로만 실행할 수는 없다. 현대는 저성장의 시대이며, 자본과 정보의 역할이 크다. 시장에는 쟁쟁한 경쟁자들이 있기 때문에 성공이 결코 만만치 않다. 그러나 세상은 항상 변하고 성공 비결은 언제나 존재한다. 그렇기에 나는 현대 경영 환경하에서 최선의 효과를 내는 방안을 설명하고 싶었다.

나는 이 책에 10여 년에 걸친 경영 컨설팅과 사업 경험에 기초해 얻어진, 실제로 적용 가능한 경영의 원리를 전달하고자 했다. 탁상공론이 아닌 현실에서 실행한 경험이 생생히 살아 있는 실질적인 방법만을 기술했다. 방탄소년단의 성공 원리를 모든 산업에 적용할 수는 없겠지만 원리와 사례를 꾸준히 곱씹으며 문제 해결에 노력한다면 결국 큰 성과를 얻을 수 있을 것이다.

방탄소년단의 성공 요인을 중심으로 경영 원리를 풀다 보니, 여러 분야가 혼재되어 있는 것이 사실이다. 각 장의 주제들 중 독자 분들의 관심 있는 부분에 중점을 두고 부담 없이 읽으면 좋을 것이다. 방탄소년단의 성공 요인 중 비즈니스 측면의 분석은 내 다른 저서인 『브레인워크』,『빅데이터 전쟁』을 재해석해 참고했으며 리서치 노력은 '밸류매니지먼트그룹'의 도움을 받았다. 덧붙여, 책에 대한 독자 여러분의 진심 어린 조언 또는

의견이 있다면 이메일(president@valuemg.com)로 자유롭게 전
달을 부탁드린다.

참 고 문 헌

- *Big Data War: How to Survive Global Big Data Competition* (2016, Patrick H. Park)

- "BTS First K-pop Band to Top Billboard Album Charts" *Bloomberg News.*

- *Crossing the Chasm, 3rd Edition: Marketing and Selling Disruptive Products to Mainstream Customers* (Collins Business Essentials) (2014, Geoffrey A. Moore)

- *Deleuze and Psychology: Philosophical Provocations to Psychological Practices* (Concepts for Critical Psychology) (2016, Maria Nichterlein and John R. Morss)

- "Despite diplomatic rows, Japan and South Korea are growing closer" *The Economist*

- *Inside the Tornado: Marketing Strategies From Silicon Valley's Cutting Edge* (2005, Geoffrey A. Moore)

- *The Innovator's Dilemma: When New Technologies Cause Great Firms to Fail* (Management of Innovation and Change) (2016, Clayton M. Christensen)

- "Why the Mona Lisa stands out: Are artistic canons just historical accidents?" *The Economist*

- 강명석, "방탄소년단이 '떡밥'들로 만든 세계"「IZE」(2016년 4월 27일)

- 김상록, "방탄소년단, 'IDOL' 뮤직비디오 조회수 1억뷰 돌파"「부산일보」 (2018년 8월 30일)

- 김아름, "방탄소년단 태국 팬들의 선행, 데뷔 5주년 기념 20만cc 헌혈…1500

명 살린다"「아주경제」(2018년 6월 15일)

● 김영대, "탈공장 아이돌, 뮤지션이 되다: 방탄소년단의 세계적 성공에 대한 본질적 탐색"「한겨레21」(2018년 6월 6일)

● 김이식, 박형준, "정체된 시장? '현미경 눈'으로 보라, 보석이 숨어있다"「매일경제」(2012년 9월 14일)

● 김정훈, "[방탄소년단 성공기] BTS는 어떻게 세계를 사로잡았나"「Money S」(2018년 6월 4일)

● 김종효, "방탄소년단이 쏴올린 축포, 축제는 그냥 즐기세요"「컨슈머타임스」(2018년 6월 4일)

● "롤링스톤 '방탄소년단, 한국사회 금기 깨며 성공'"「연합뉴스」(2018년 5월 30)

● 박경은, "대형기획사 아니어도…방탄소년단 해외서 쑥쑥 큰 비결은?"「경향신문」(2017년 2월 19일)

● 양유창, "'빌보드 1위' 새 역사 쓴 방탄소년단의 4가지 성공 비결"「매경프리미엄」(2018년 5월 29일)

● 유지영, "방시혁이 '방탄소년단'에게 강조한 두 가지 원칙"「오마이뉴스」(2017년 12월 11일)

● 이재훈, "'화제' 방탄소년단, 트럼프 2배+저스틴 비버 20배 뛰어넘은 기록… 세계 1위 기록 무엇?"「그린포스트 코리아」(2018년 5월 18일)

● 이정수, "K팝 새 역사 '방탄소년단'…미국 빌보드 앨범 차트 한국인 첫 1위 영예"「서울신문」(2018년 5월 28일)

● 이지영, "'자율형 아이돌'…〈명견만리〉, 방시혁이 밝힌 BTS 성공 비결"

「OSEN」(2018년 2월 23일)

- 이하나, "'성공한' 방탄소년단? 그럼에도 변함없는 '소통+진정성'"「서울경제」(2018년 6월 9일)

- 추영준, "미국 대중음악 롤링스톤紙, 'BTS 노래들 천편일률적인 K-팝과 달라'"「세계일보」(2018년 5월 30일)

- 한은화, "BTS는 아픈 청춘들의 '방탄막' … 팬이 팬을 불러 모은다"「중앙일보」(2018년 6월 2일)

- 홍지영 "BBC '방탄소년단, 싸이 '반짝 인기'와 달리 오래갈 것" SBS 뉴스 (2018년 1월 8일)

- 황지영, "외신들도 깜짝 놀란 방탄소년단 컴백 신드롬"「일간스포츠」(2018년 8월 30일)

- "[특집-BTS Alive] ② '단순한 현상 아니다' 문화 확장하는 아이돌"「헤럴드경제」

※ 기사 뒤의 날짜는 인터넷 기사 등록일임.

KI신서 9767

BTS 마케팅

1판 1쇄 발행 2018년 10월 5일
1판 4쇄 발행 2021년 6월 21일

지은이 박형준
펴낸이 김영곤 **펴낸곳** (주)북이십일 21세기북스

표지디자인 김종민 **본문디자인** 두리반
영업팀 한충희 김한성
제작팀 이영민 권경민

출판등록 2000년 5월 6일 제406-2003-061호
주소 (우 10881) 경기도 파주시 회동길 201(문발동)
대표전화 031-955-2100 **팩스** 031-955-2151 **이메일** book21@book21.co.kr

(주)북이십일 경계를 허무는 콘텐츠 리더

21세기북스 채널에서 도서 정보와 다양한 영상자료, 이벤트를 만나세요!
페이스북 facebook.com/jiinpill21 포스트 post.naver.com/21c_editors
인스타그램 instagram.com/jiinpill21 홈페이지 www.book21.com
유튜브 www.youtube.com/book21pub
당신의 인생을 빛내줄 명강의! 〈유니브스타〉
유니브스타는 〈서가명강〉과 〈인생명강〉이 함께합니다.
유튜브, 네이버, 팟캐스트에서 '유니브스타'를 검색해보세요!

ⓒ 박형준, 2018

ISBN 978-89-509-9610-9 03320